顶尖文案

现代广告之父的文案写作技巧

〔美〕克劳德·霍普金斯 / 著

张小默 / 译

北京理工大学出版社

BEIJING INSTITUTE OF TECHNOLOGY PRESS

图书在版编目（CIP）数据

顶尖文案 : 现代广告之父的文案写作技巧 /（美）克劳德·霍普金斯著 ; 张小默译. — 北京 : 北京理工大学出版社, 2020.7
ISBN 978-7-5682-8468-4

Ⅰ. ①顶… Ⅱ. ①克… ②张… Ⅲ. ①广告文案—写作 Ⅳ. ①F713.812

中国版本图书馆CIP数据核字（2020）第083274号

出版发行 / 北京理工大学出版社有限责任公司
社　　址 / 北京市海淀区中关村南大街 5 号
邮　　编 / 100081
电　　话 /（010）68914775（总编室）
　　　　　（010）82562903（教材售后服务热线）
　　　　　（010）68948351（其他图书服务热线）
网　　址 / http://www.bitpress.com.cn
经　　销 / 全国各地新华书店
印　　刷 / 大厂回族自治县德诚印务有限公司
开　　本 / 880 毫米 × 1230 毫米　　　　1/32
印　　张 / 8.75　　　　　　　　　　　　　责任编辑 / 赵兰辉
字　　数 / 227千字　　　　　　　　　　　文案编辑 / 赵兰辉
版　　次 / 2020年7月第1版　　2020年7月第1次印刷　　责任校对 / 周瑞红
定　　价 / 45.00元　　　　　　　　　　　责任印制 / 施胜娟

本书是作为一部商业故事被创作的，而非一部个人史。我力求写得不琐碎，尽量将自己的精力集中在有教益的事情上。书中每件事背后的主要目的都是给后人提供有益的建议，以使他们免于像我一样在暗夜中摸索。

在洛杉矶的一个晚上，我把这个故事告诉了本·汉普顿，他是作家、出版商，还是广告人。他不间断地听了几个小时，因为他看出（我的）这段职业生涯对于广告新人来说多么有价值。他不断地跟我沟通，直到我承诺将这个故事写出来出版。

他是对的。任何兢兢业业工作了一辈子而比其他人在特定领域获得更多知识的人，都有义务将经验传授给后来人。研究成果应该被记录下来；每一个先驱都应该开辟道路。这便是我创作本书的全部缘由。

这部自传被宣布要连载时，我收到了大量抗议的信件，其中一些出自我曾服务过的大公司的领导之手。这些信件字里行间透露着一种担忧，即担心我借此揽功夺誉而伤害其他人的自尊。于是，我重写了一些章节，以消除引起如此顾虑的所有可能。

其实大可不必。我唯一引以为傲的是，我在这个领域的工作时间可能是其他同行的两倍。我在广告行业的涡流中生存了多年，自然要比那些鲜有机会历练的人学到更多经验。如今，我希望这些经验尽可能地帮助其他人免于重蹈覆辙。我写下种种所得仅仅是为了帮助其他人从我所攀登到的高度出发。除了助人为乐，我别无所求。在我初入行业时，假如有人写下这样的经验之谈，我会对他感激不尽。而后，再加上我在该领域做的所有努力，我可能已经在广告领域取得了超越现在所有人的成就。我期待能在活着的时候目睹其他人做到。

克劳德·霍普金斯

目 录

PART
TWO

广告生涯

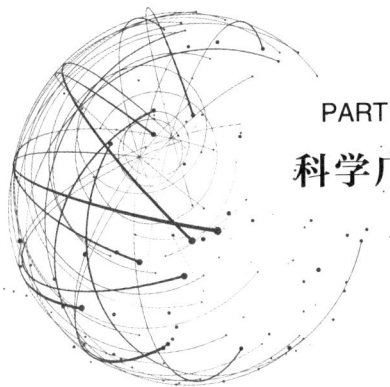

PART ONE

科学广告

第一章
广告法则的确立

在某些人手中广告成为一门科学，这样的时代已然到来。如今的广告基于固定的原则，可以做得相当精准。在很好地搞清楚状况之前，可以对广告的缘由和效果进行分析。广告制作和投放过程中采用的正确方法，已经通过验证并得到确立。我们清楚什么最有效，我们会按照基本法则去做。

曾经像赌博一样的广告业，在正确方法的引导下已经变成风险最小的行业之一。当然，可以与广告业相媲美的其他行业，不太可能只涉及如此小的风险。

因此，本书探讨的并非理论与观点，而是经过验证的原则与事实。它既是一部为学生创作的教科书，又是一部为广告人创作的万全指南。书中的陈述都经过权衡斟酌，其内容仅限于确立基本的原则。如果涉及任何不确定的领域，那么我们会谨慎地进行说明。

广告业的现状是由多种原因造成的。长期以来，许多全国性的广告都由那些被称为广告代理的大型机构操作。其中一些机构在开展的数百个活动中测试比较了数千个广告方案和创意，并把结果记录了下来，从而未错失任何的经验和教训。

这些机构聘用了高素质的人才，也只有有能力和经验的精英才能满足全国性广告运作的要求。这些广告业精英在工作中相互合作并互相学习，还从新的业务项目中汲取经验，其中一部分逐渐成长为大师级人才。

雇员流动在任何组织机构都存在，但他们会将个人的经验和心得留在公司。这些都成为这些组织机构财富和资源的一部分，并将成为后来人的指南。因此，在几十年的时间里，这些机构逐渐成为广告经验、广告原则和广告方法的宝库。

大型广告机构还会与各行各业的专家保持密切联系，他们所服务的客户通常是各行业的龙头企业。所以，他们看到了无数方法和策略产生的不同结果。他们成为所有与商品营销相关信息的交换场所。对于几乎所有在商业中出现的营销问题，他们都可以凭借充足的经验给予准确的答复。

经过如上的长期发展，广告营销成为一门精准的科学。每种营销方式都如有地图做参考，而那些得到验证的知识和经验便像指南针一样，指出了达到目的的最快捷、最安全和最经济的途径。

我们能够通过反复的测试了解这些法则，并对它们进行验证。了解和验证法则的主要方式是通过对广告编码追踪广告的收益，使用优惠券来实现就很不错。我们将一种方法与其他的多种方法前前后后地进行比较，并记录结果。如果某种方法取得的效果总被证明是最好的，这种方法便成为一条固定的法则。

邮购广告的收益可以追踪到一分一毫。每次反馈的成本和每1美元的销售成本都可以十分精确地显示出来。

将一个广告与另一个广告进行比较，将一种广告方法与另一种广告方法进行比较，比较它们的标题、场景、尺寸、观点和配图。对于某些邮购广告，即便只将成本降低1%也意味着很大的改变。因此，仅靠猜测是要不得的，一个广告人必须知道怎样做才是最好的。由此，邮购广告首先确立了许多基本的广告法则。

当对直接收益进行对比不现实时，我们可以将一个城镇与另一个城镇进行对比。我们可以通过这种方式对多种方法的效果进行比较，以销售成本进行衡量。

不过，最常用的方式是使用优惠券。我们可以提供样品、手册、免费的赠品或其他可以引起消费者反馈的东西，这样便能够搞清楚每个广告引发了多少消费行为。

然而，这些数字并不能完全说明问题。一则广告可能会带来许多毫无价值的反馈，而另一则广告带来的反馈则全都有价值。因此，我们得出的最终结论总是基于每位客户的平均成本或1美元销售额的平均成本。

这些优惠券方案将在"试点推广活动"一章做进一步的探讨。在这里，我们只是为了说明如何使用它们来发现广告法则。

在大型机构中，优惠券收益可以在数百条不同的产品线上被观察和记录。对单条产品线而言，有时会记录数千个单独广告的优惠券收益。由此，我们对广告相关的一切进行测试。通过大量的收益追踪，我们几乎可以回答所有的问题。

我们通过这种方式获得的一些东西，仅适用于特定的产品线。但即便如此，这些东西依然可以为类似产品的广告提供基本依据。任何明智的广告主都不会偏离那些恒久不变的法则。

本书探讨的是那些基本法则，即那些普遍适用的准则，仅讲授一些已经确立的法则。如同从事艺术、科学和技术等职业，做广告也有技法。实际上，各行各业都一样，行业技法是必需品。

这些基本法则的缺失在过去一直是广告业的主要困扰。当时，每个从业者都依赖自己的法则，所有的前期知识，所有行业内的进展，对他来说就是一本封闭的书。这就好比一个人试图造一台现代机车，却没有先去了解别人已经做了怎样的尝试，就好像哥伦布出发去寻找未被发现的大陆。

人们会被一些怪念头和天马行空的幻想引导，它们就像一阵飘忽不定的微风。如此，他们很少能到达他们的港口。即便他们误打误撞到达了港口，也通常已经绕了个大圈子。

在这片海域，每一名早期的水手都会绘制自己的独有航线，他们没有做参考的航海图，没有可供指引港口的灯塔，没有标示礁石的浮标，就连沉船的位置也没有被记录下来，因此无数冒险者都在同一礁石或浅滩上演悲剧。

那时候，广告就像一场赌博——最草率的一种猜测。一个人对正确路径的猜测很可能与另一个人一样准确，但谁也无法知道。当时也没有靠谱的领航员，因为很少有人在同一航道航行过两次。

这种情况已经得到了纠正。现在唯一的不确定性因素通常与消费者和产品相关，而不是广告的方式和方法。人们的个性、偏好和偏见是很难衡量的，好恶难辨。我们无法预测哪种东西会受欢迎，但我们知道如何以最有效的方式推销它。

在这种情况下，风险投资仍可能会失败，但失败并非灾难性的。这时候即便发生亏损，损失也微不足道。况且，导致亏损的原因与广告本身没有丝毫关系。

在这些新的条件下，广告业蓬勃发展，它的业务量、声望和人气都在成倍增长，其风险也大打折扣。正因为"赌博"已经成为一门科学，广告这种原本的投机业务变成一门非常稳妥的生意。

所有人都应该承认这些事实，对诡辩、空想或其他任何的不确定性因素来说，广告业都不再是合适的领域。盲人为盲人领路是荒唐的。在这一充满无限可能的广阔领域，那样做会让人觉得可惜。

成功是罕见的，而极大的成功更是遥不可及的，除非受到像万有引力一样亘古不变的法则的指引。

因此，我们主要的目的就是确立这些法则，并告诉您如何为自己验证这些法则。之后，您便可以举一反三。需要注意的是，两次广告宣传活动从来不会用在相同的产品线上，个性是必不可少的，而效仿则受人诟病。

然而，作为一本广告教科书，本书并没有太多篇幅讨论那些有赖于聪明才智的可变因素。本书仅适用于基础的广告工作。

我们所希望的是，通过本书增进大家对广告的理解，以促进广告业的发展；将广告业置于商业领域来考量，让人们意识到它是最安全、最可靠的行业，可以带来丰厚的回报。成千上万出色的成功案例显示出其巨大的发展可能，而成功的多样性则指出了其广阔的发展前景。不过，成千上万的从业者仍然认为广告的成功有几分偶然，他们都需要科学的广告方法——没有它，他们永远尝不到甜头。

以前成功确实有偶然的成分，现在却并非如此。我们希望本书能够为这一行业带来一些新的启示。

第二章
广告即推销

要正确理解广告或了解广告的基本知识，首先必须从正确的概念开始。广告即推销，广告的原则即推销的原则，两者的成败都是类似的原因造成的。因此，每个广告方面的问题都应该依据推销员的标准来答复。

让我们强调一下这一点：广告的唯一目的就是促进销售。广告是盈利还是无利可得都要看实际的销售情况。

做广告不是为了寻求稀松平常的效果，不是为了让你（广告人）扬名立万，也不完全是为了帮衬你的那些推销员同事。把广告本身就当作推销员吧，迫使它对自己负责。将它与其他推销员进行比较，计算其成本和收益。优秀的推销员不用的借口，它也不要使用。这样，你就不会有大的失误。

双方的差别仅在于程度的不同，广告是效用倍增的推销。推销员面对的可能只是一个人，而广告则可能会吸引成千上万的人，其相应的成本也大得多。在普普通通的广告上，有些人要为每一个词语花费10美元。因此，每个广告都可以说是一个超级推销员。

推销员犯错的代价可能微乎其微，可一个广告的失误可能会造成数千倍的代价。因此，做广告要更加谨慎、更加细致。

业务能力一般的推销员可能只会影响你生意的一小部分，平庸的广告则会影响你的全部生意。

许多人觉得做广告就是写文案。文字功力与广告的关系就如同演讲技能与推销技巧的关系。

一个广告必须能够像推销员那样，在表述自己的观点时一定要做到简洁、清晰和令人信服，但辞藻华丽却是一个明显的缺点，独特的文风也是如此。它们会扰乱受众的关注点，暴露出推销意图。任何刻意的推销意图一旦显而易见，便会产生相应的阻力。

无论是个人推销还是广告推销，都是如此。雄辩的演说家很少能成为好的推销员。顾客害怕在被过度影响下冲动购买，怀疑他们只是为了推销而推销，其产品并没什么优点。

成功的推销员很少是优秀的演讲者，他们对演讲知之甚少。他们是朴实而真诚的人，了解自己的客户，也熟悉自己的产品。广告文案也应该如此。

广告业中很多有能力的人物都是资历深厚的推销员。我们所知道的最优秀的广告人，都曾挨家挨户兜揽生意。他们可能对语法知识知之甚少，更别提修辞了，但他们知道如何使用让人信服的话语。

有一种简单的方式，可以解答很多关于做广告的问题，那就是问问你自己："这样做对一个推销员推销产品有帮助吗？""如果买家就站在我面前，这样做能帮助我卖出产品吗？"

给这些问题一个实事求是的答案，就可以避免无数的失误。不过，当一个人试图炫耀或只是为了取悦自己时，他几乎不可能激发人们的购买欲望。

有的人主张多说广告标语，有的人喜欢用巧妙的比喻。你会在面对面推销时使用这些吗？你能想象这样的东西会给顾客留下深刻印象吗？如果不是，则请不要在广告中依赖它们。

有人说："要非常简短，人们愿意读少些的东西。"你会对推销员这么说吗？当一个潜在客户站在他面前时，你会限制他用特定数量的话吗？那将是一种不可思议的障碍。

做广告也是如此，我们赢得的读者只会是对我们的广告主题感兴趣的人。没有人看广告是为了消遣，篇幅长短都一样。将他们视为站在你面前寻求信息的潜在客户，给他们足够的动力以采取行动。

有些人提倡用大号文字和大号标题，然而他们并不欣赏大声说话的推销员。人们若是关心，8磅的字读起来也没问题。我们的杂志和报纸都采用了这种字号，大家都习惯了。过大的字号就像大声交谈，无法获得期望得到的关注。它可能不会惹人厌烦，但它既无用又浪费。它会增加你的广告成本。对很多人来说，那样做似乎有招摇之嫌。

还有一些人喜欢寻找奇怪和不寻常的东西，他们希望广告在风格或配图上与众不同。你会喜欢这样的推销员吗？难道那些以正常方式行事的人不会给人留下好印象吗？

有些人坚持做制作精良的广告，这在一定程度上是可以的，但这并不重要。有些制作不够精良的广告如同穿着寒酸的人，依旧可以做出色的推销员。广告或者着装，过度修饰都是误区。

无数的问题都是如此，要用推销员的标准衡量广告，而不是按照娱乐的标准。广告不是为了娱乐而写的。当他们那样做时，那些寻求娱乐的人几乎不可能成为你想要的人。

这是广告业最大的问题之一。文案撰稿人抛下自己的职责，忘了他们是推销员，并试图成为表演者。他们寻求的是掌声与喝彩，而不是销售。

当你在策划和准备广告时，要想象眼前待着一个典型的客户。你的主题，你的标题，要引起他或她的注意。这时候，心中要想着你面对面地接触客户时要做些什么，用这来指导你做每一个广告。如果你是个平常人，又是个好的推销员，那么你将尽力而为。

不要考虑一大群人，那将带给你一片模糊的视野。考虑一个典型的个人，男人或者女人，对方可能想要你卖的东西。不要跟对方开玩笑，花钱是一件严肃的事情。不要吹嘘，因为所有人都不喜欢它。不要试图炫耀。做你认为一个优秀的推销员应该对他面前的准客户所做的事。

有些广告人在撰写文案之前会亲自出门向人们推销产品。他们中最有能力的一个广告人，曾在一篇文案上花费了几周的时间，挨家挨户地进行推销。通过这种方式，他们能够获取不同形式的诉求点和诉求角度的反馈，了解潜在客户的需求以及哪些因素不具吸引力。走访数百名潜在客户的做法是在筹备广告时十分常用的。

其他一些人会发问卷进行调查，以了解买方的态度。在某种程度上，所有人都必须学会如何拨动消费者的心弦。猜测的代价是十分昂贵的。

一个广告文案的执笔者要了解产品生产制造方面的情况，可能还要知道经销商的情况。然而，这种知识又常常使他们偏离客户的诉求，因为厂家的利益诉求与消费者的利益诉求并不一致。

广告人研究消费者，他试图将自己置于买方的位置。他的成功在很大程度上取决于那样做，而将其他一切都排除在外。

在推销技巧这方面，这一章是本书各章中最为重要的。大多数广告不成功的原因是它们试图向人们推销他们不想要的，但接下来的原因就是缺乏真正的推销技巧。

有些广告是基于完全错误的概念进行策划和撰写的。它们是为了取悦卖方而被写就，而买方的利益则被忽略。只要这种态度存在，无论是人员推销还是广告推销，人们永远不可能卖出能赚钱的产品。

第三章
提供服务

请记住，你的说服对象都是自私的，就跟我们所有人一样。他们会为自己寻求福利，不会关心你的利益或利润。在广告行业，忽略这个事实是常见而代价高昂的错误。在广告中直白地说："来买我的品牌，把你给别人的生意让给我，让我拿到钱。"那不是一种受欢迎的诉求。

最优秀的那些广告不会要求人去购买产品，那是徒劳的。它们通常不会报出产品的售价，也不会说经销商如何处理产品。

那些优秀的广告完全基于服务，它们会提供有价值的信息，告诉用户产品的优势在哪里。也许它们还会提供一个样品，或者为用户第一次买的产品买单，又或者承诺包退包换。如此一来，顾客便可以在没有任何损失或风险的情况下，去验证产品是不是像广告中说的那样。

其中的一些广告看起来似乎完全是为顾客着想的，但它们实则基于对人性的了解。创作这些广告的人知道如何引导人们购买。在顾客自愿购买产品之前，他都会站在顾客的角度看待广告提供的服务。

一个刷子生产厂拥有2000名推销员，他们挨家挨户推销刷子。只卖这样单一的产品看起来似乎非常困难，但它却取得了巨大的成功。另外，它的推销员们可以恳请家庭主妇们购买产品，但他们没有那么做。他们走到门口说："厂家派我来送您一个刷子，我这里有多种样品，我希望您能自己选一下。"

这位家庭主妇笑容满面，提起了兴趣。在挑选一个刷子的时候，她发现了好几把自己喜欢的，而且她也急于回报推销员送刷子的好意。推销员就这样收获了一张订单。

另一家卖咖啡等产品的公司，借助货车在大约500个城市进行推销。推销员会带着半磅①咖啡上门，然后说道："请收下这袋咖啡并品尝一下，过几天我再来听听您对它的看法。"

即使再来，他也不会直接要求顾客购买。他会解释说，他想送主妇一件精美的厨具，它不是免费的，但如果她喜欢咖啡，那么每买1磅咖啡，他就会支付5美分，直到那件厨具的价款全部付清。他总是会提供一些服务。

一个缝纫机电机制造厂发现广告的效果不佳，于是它听从了好的建议，不再一味恳求顾客购买。这个厂家表示愿意通过代理商将电机送到任何客户的家里，供他们试用一周。同时，将有一

---

① 1 磅 =0.2268 千克。

个推销员来向客户展示如何操作它。广告上写道："让我们服务您一周，无须任何费用和条件。"这样的提议让人无法拒绝，十之八九的试用都促成了销售。

很多行业都会这样做。雪茄制造厂会寄送盒子给顾客，并说："抽上10支，喜欢的话就留下，不然就请寄回来，随你所愿。"

书籍、打字机、洗衣机、橱柜、吸尘器等产品的厂家都在没有任何预付款的情况下把产品送给顾客。他们说："请试用一周时间，然后按你的意愿去做。"几乎所有通过邮购方式售出的商品都可以退货。

这些都是推销技巧的普遍原则，连最无知的小贩也知道运用它们。然而，推销员在做推销时却常常忘记这些原则。他在广告中谈论自己的利益，宣扬自己的品牌，似乎那很重要。他的惯用语是："把人带到商店。"另外他说，那就是他在每件事情上的态度。

人们可以被诱，导但不会被驱使。无论做什么，他们都是为了取悦自己。如果从不忘记这些事实，那么广告中就会出现更少的失误。

第四章
邮购广告：它教给我们什么

通过邮购的方式销售商品是对广告人最严峻的考验。不过，那是一所学校，在一个人能够期待成功之前，他必须从那里毕业。他们的付出和收获立见分晓。错误的见解会像阳光下的雪花一样消失不见。广告是否能盈利，在回报面前一目了然。数据不会撒谎，它会当即呈现一则广告的优劣。

这会考验人们的勇气。所有的猜测都被消除了，每一个失误都显而易见。在认识到自己的判断如何频繁出错——通常是十次中有九次——之后，很快他就不再自负。

有人认识到，要想有更多成功的机会，广告必须在科学的基础上制作。还有，他认识到，每浪费1美元都会增加收益成本。

在一位不好糊弄的高手下做事，让你学会提高效率和精打细算。然后，只有到那时，他才易于对所有广告采用相同的原则和要诀。

某人在销售一件价值5美元的商品时，他每收到客户一个反馈的成本为85美分。一个广告人交付了一条在他看来比较不错的广告，可每收到一个反馈的成本上涨到14.2美元。另一个广告人交付的广告在两年时间内的平均反馈成本保持在41美分。

每年要收到多达25万条反馈呢，那么请大家想一想，这两条广告之间的巨大差别。想一下那个把成本降为原来一半的人多么有价值，再想一想，如果对收益全然不知，继续采用成本为14.2美元的广告，结果将如何。

可是，有成千上万的广告主就这样做，他们只凭借某种猜测就大手笔投入。他们在做的与上文说到的那个广告主一样——为他们需要的销售额花费2倍到35倍的成本。

对邮购广告进行研究会揭示出很多值得学习的东西，这是我们研究的主要课题。如果某个广告连续出现，你就知道它是盈利的。因此，对该产品线来说，这样的广告是奏效的。

该广告极有可能是经过多重追踪比较产生的，因此，它是最有效的广告，而非空谈理论的广告。邮购广告实实在在，不会欺骗你。聪明人可以把从邮购广告中总结出的原则运用到各种广告中。

邮购广告始终采用较小的字体印制，它通常比常规印刷字体更小。版面节约在邮购广告中十分普遍。事实也证明，较大的字体并不会带来更多收益。

请记住，当你通过将字体的大小加倍以扩大版面时，该广告可能仍然可以盈利，但追踪到的收益会证明，你为销售支付了2倍的成本。

邮购广告不会浪费版面，每一行版面都会被利用起来，而且很少会使用边框。当你心血来潮想在昂贵的版面上留白时，要记住这一点。

在邮购广告中没有废话，除非涉及超值服务，否则绝不夸大吹嘘。没有无用的闲言碎语，没有娱乐读者的意思，也没有什么逗趣讨乐的内容。

邮购广告中通常包含一张优惠券，这样做的目的是促使动心的读者采取进一步的行动。优惠券会随时提醒他们初见广告时一时心动所做的决定。

邮购广告主知道，读者都有忘性。他们在阅读一本感兴趣的杂志时，可能会被一个故事所吸引。很大一部分人在看到广告时做出了行动的决定，但不到五分钟，他们就会忘记这一决定。邮购广告主明白，广告试点会产生一些损失，但他们并不打算就此接受。所以，他会在广告中插入一张会提醒读者的优惠券，当读者准备采取行动时随时可用。

在邮购广告中，图片内容总是直入主题的，它们本身就是"推销员"。虽然它们占据了许多版面，但是显然物有所值。图片尺寸由它们的重要性决定。待售连衣裙的广告图片可能会占用很大的版面，其他次要图片占用的版面会少一些。

普通广告中的图片可能没什么原则可守，可能只是一拍脑门儿就决定定用了。可是，邮购广告中的图片可能占到销售成本的一半。你可以确信，关于这些图片的一切都是经过多重测试比较才决定的。

在采用毫无用处的图片之前，如果图片只是用来装饰或让读者产生兴趣，可以查看一些邮购广告，记住从它们那里获得的结论。

有个人通过邮购广告宣传孵化器，其为广告配上的合适标题带来了极好的收益。但他觉得，一幅引人注目的图片会使收益增加。于是，他增大了50%的版面，添加了一排小鸡的轮廓。

它的确被做成了一个引人注目的广告，可获得反馈的人均成本也增加了50%。新的广告因插入了图片费用增加了一半，但销售额却并没有增长。

这个人认识到，孵化器的买主都是讲求实际的人，他们寻找的是有吸引力的优惠，而不是漂亮的图片。

想想那些无人问津的无数广告活动吧，就那样一拍脑门儿，广告费便要多出一半，可收益却没有多增长一分钱。这样的广告可能还会年复一年地出现。

如果目的是即刻销售，邮购广告就会讲述一个完整的故事。你会发现，此类广告文案没有字数限制。

有那样一句箴言："讲得越多，卖得越好。"在我们所知的任何广告试点活动中，这句话始终被证明极其正确。

广告主有时候会使用小篇幅的广告，而有时候又使用大篇幅的广告。只要长度合适，小篇幅也不是问题。不过，增大到2倍篇幅的广告会带来2倍的收益，而增大到4倍篇幅的广告会带来4倍的收益，通常还要多一些。

当然，这种情况只有在所有版面都被充分利用起来时才能实现，将半页篇幅的文案用一整页版面来排，反馈成本就要加倍。我们看到，许多广告试点活动已经证明了这一点。

看一看米德自行车公司的广告——一则典型的邮购广告，已经运用了很多年，没有变动过。米德先生曾告诉笔者，哪怕给他1万美元他都不会改变广告中的一个单词。

多年来，米德先生不断将一个广告与另一个广告进行比较。现在你看到的广告是所有这些实验性广告的最终成果。请留意他采用的图片、标题及对版面的有效利用、广告采用的字号。从预期目的来看，这些广告近乎完美。

任何长期见报邮购广告都是这样，它的每个特点、每个单词及每幅图片都给我们提供了广告的最佳范例。你们可能不喜它们，感觉它们没有吸引力，版面太密，难以阅读——你们可以列举出很多类似的理由。但收益测试表明，这些广告是它们所推销产品的最佳推销员。而且，它们确实会带来回报。

邮购广告就像终审法庭，如果愿意，你可以用追踪收益的方法研究其他形式的广告，或许也能得出同样的结论。但是，邮购广告提供了优秀范例。通过邮购的方式把产品推销出去并盈利是一件难事。获得邮购订单远比吸引顾客到商店购买难得多。推销看不见的商品更难。做到这一点的广告一定是广告的极好范例。

我们并不能经常遵循邮购广告的所有原则，尽管我们知道应该这样做。有时候迫于广告主的压力不得不妥协，又或许我们对自己的广告太自信而带来一些困扰。但是，每次偏离这些原则都会增加我们的销售成本。因此，这就变成一个我们愿意为自己的轻狂草率付出多少代价的问题。

我们至少可以知道自己付出了多少成本。我们可以追踪不同广告的收益，对一个广告与另一个广告进行比较。每当这样做的时候，我们总会发现，在成本相同的情况下，越接近邮购广告的文案带来的客户越多。

本章是另一个重要的章节。想一想，诱导客户通过邮件订购与吸引客户从经销商处订购之间存在什么真正的差异吗？为什么两者的推销方法有所不同？

不应该存在差异！当它们存在差异时，是出于两个原因：一是这个广告主不具备邮购广告主的才识，又或者是他在盲目地做广告；二是他为了满足自己的某种欲望，而故意损失一定比例的收益。

这种情况情有可原，就像在豪华办公室和一般写字楼办公的人一样，我们大多数人都有能力为自己的自尊和个人观点做点儿什么，例如牺牲一些利益。但是，我们要知道自己在做什么，要知道我们为自己的自尊牺牲了多少收益。那么，如果我们的广告未能为我们带来预期的收益，那就请再回到我们范式——一条优秀的邮购广告，从而避免一些浪费。

第五章
标题

　　广告推销和人员推销的差别主要在于人际接触。推销员能够在现场引起人们的注意，很难被人们忽视，而广告则可以被人们忽略。

　　然而，推销员将大部分时间都浪费在永远不可能对产品产生兴趣的潜在客户身上，他没办法把这些人挑出来。只有对产品感兴趣的人才会去阅读广告，并根据自己的意愿考虑我们在广告里说的话。

　　标题的目的就是遴选出对产品感兴趣的人。比如说，你想和人群中的某个人交谈，为了引起合适的人的注意，你要说的第一句话就是："嘿，比尔·琼斯。"

　　打个比方，当你想跟一大群人中的某一个人说话时，为了引起那个人的注意，你脱口而出的是："嘿，比尔·琼斯。"

　　在广告中也是如此。出于某些原因，你所需要做的只是引起某一部分人的兴趣。那部分人正是你关注的。所以，你要拟定一个标题，只招呼那些人。

也许故弄玄虚的标题或一些新颖的概念会吸引来很多倍的关注，但它们中大多数可能并非对你提供的东西感兴趣，而你所针对的对象，可能永远不会意识到广告宣传的是他们可能想要的东西。

广告标题就像是新闻标题。没有人会读完整张报纸，有人对财经新闻感兴趣，有人关心时政新闻，有人关心社会新闻，有人关注烹饪技巧，有人关注体育报道，等等。报纸上有些整页的内容，我们可能连看都不看一眼，但其他人则可能会直接翻到这些页面阅读。

我们通过浏览标题挑选出自己想读的内容，并不希望被这些标题误导。标题的拟定是新闻写作最重要的技巧之一，它们要么将写作的兴趣点隐藏起来，要么就将其揭示出来。

假设一篇报道讲述的是某个女人是一个城市里最美的女人，那么那个女人和她的朋友一定对这篇报道非常感兴趣。可是，如果标题是"埃及心理学"，那么那个女人和她的朋友都不会去读它。

在广告中也是如此。人们通常会说"不看广告"，那当然是无稽之谈。我们花费数百万美元做广告，并关注广告的回报，常常为获得的读者之多感到惊叹。我们一次又一次地看到，报纸的所有读者中有20%的人会剪下某张优惠券。

然而，人们阅读广告不是为了消遣。他们不会阅读一眼看去似乎没有提供任何让他们感兴趣的内容的广告。例如，对于女装的广告，即使是双页版，也不会从男人那里获得任何关注；同样，一条剃须膏的广告也不会吸引一位女士。

要始终记住这些事实：人们十分匆忙（时间宝贵），值得培养的顾客有太多读不完的东西。即便花费了金钱买报刊，他们也会跳过三分之二的内容不去细看。没有人会去阅读你招揽生意的广告，除非你让它看起来值得阅读，且广告标题也直接明了。

人们在阅读方面全看兴趣。他们可以在餐桌上礼貌地倾听别人自我吹嘘或讲述名人逸事、经历见闻，但是在阅读方面，他们会自主选择感兴趣的内容和话题。他们希望由此获得消遣或从中受益。他们想要了解物美价廉的产品、美发护肤产品、省时省力的工具，吃美味的食物或穿漂亮的衣服。广告宣传的产品可能比杂志里的任何内容都更令人感兴趣，但除非广告标题或图片展示给他们，否则他们永远不会知道。

本文作者在标题上花费的时间要远远多于写作的时间，他经常在一个标题上花费数个小时。在选出一个恰到好处的标题之前，他往往会摒弃几十个标题。广告的整体收益取决于是否能吸引到目标读者。除非遇到理想的读者，否则再好的推销工作也没机会获得成功。

本书提倡追踪收益，其结果可表明广告标题带来的巨大差异。相同的广告配上不同的标题在所带来的收益方面差别很大。标题变更带来5倍到10倍收益的情况并不罕见。

因此，我们要比较不同标题的效果，直到我们搞明白什么样的标题最具吸引力。当然，每一种产品都有自己最佳的诉求途径，标题自然有所不同。

本书作者曾看过一份某单个产品使用近2000个不同标题的收益记录。这些广告中的故事几乎相同，但由于采用了不同的标题，收益差别很大。因此，在我们的记录中，每一条收益记录都对应着我们采用的不同标题。

由此，我们知道哪种类型的标题具有最广泛的吸引力。这个产品有很多用途，可以塑造美丽容颜，可以预防疾病，有助于保持洁净。我们可以了解寻求产品哪种用途的读者人数最多。

这并不意味着我们会忽视其他人。一种诉求带来的收益可能会是另一种诉求的一半，但重要的是要有利可图。我们不会忽略任何可以带来回报的东西。不过，我们也知道，我们的广告应该以一个确定的比例来设定广告内容和标题，以吸引特定的消费人群。

出于相同的原因，我们会采用各种各样的广告。如果我们准备使用20种杂志刊登广告，那么我们可能会使用20个各不相同的单独的广告。这是因为不同杂志刊登的内容有可能发生重叠，也是因为有相当一部分的读者会被不同的广告吸引。我们希望与它们进行互动。

例如，在肥皂广告中，标题"保持清洁"可能会吸引很少一部分读者，因为这太普通了。"不含动物脂肪"这样的标题吸引力也不大，因为人们可能并不太关心这一点。"漂浮的香皂"可能会很有趣，但是涉及美容和护肤的标题可能会吸引很多的读者。

汽车广告可能会在标题中提到万向节不错，这样的广告平淡无奇，因为很少有买家会考虑万向节如何。同样一个广告，将标题改为"运动车型佼佼者"，就可能吸引来50倍的读者。这足以表明广告标题的重要性。

任何追踪广告收益的人，都会对不同标题带来的收益差异感到惊讶。我们自以为最有效的诉求很少会被证明是最好的，因为我们没有了解足够多的人，不足以看出他们的需求。因此，对每一条产品线，我们都要通过销售实践去了解人们的需求。

不过，这一切都建立在固定的原则上。你在向数百万人展示广告，其中有一部分人，比例或大或小，是你期待对广告感兴趣的人。锁定这部分人，并尝试扣动他们的心弦。如果你推销的是紧身内衣，那么男人和儿童都不会对你的产品感兴趣；如果你推销的是雪茄，那么你就无须追着不感兴趣者不放。剃须刀不会吸引女人，而胭脂不会让男人感兴趣。

千万不要认为那数百万人会细读你的广告，以了解你的产品，看他们自己是否对你的产品感兴趣。他们将通过扫一眼广告标题或配图就做出判断。广告务须针对目标人群，且只针对他们做出诉求。

第六章
心理学

一个合格的广告人必须了解心理学，且越了解它越好。他们必须知道哪些广告内容能够引起人们的哪些反应，并运用这些知识增强广告效果，避免失误。

人性是永远不会变的。在大多数方面，现在的人性和恺撒时代一样。所以，心理学的规律是固定且持久的。你永远不需要忘记对它们的了解（你学到的心理学知识永远都不会过时）。

例如，我们了解到，好奇心是激励人类行动的最强动机。我们要尽可能地在制作广告时运用它。膨化小麦和膨化大米广告的成功在很大程度上要归功于消费者的好奇心。"谷物膨胀到正常大小的8倍""食物从枪管里射出来了""每颗谷物内部都发生了1.25亿次蒸汽爆炸"等广告词成功地激发了大家的好奇心。在此之前，膨化谷物的广告从来没成功过。

我们了解到，廉价并不会产生强烈的吸引力。美国人很奢侈，他们喜欢讨价还价，但不喜欢便宜货。他们希望自己有能力吃最好的，用最好的，穿最好的。廉价对他们来说似乎意味着他们消费不起更好的商品，他们讨厌你的这种态度。

众所周知，人们在很大程度上会根据商品的价格来对它进行优劣判断，毕竟他们都不是行家。在英国国家美术馆里有一幅画，馆藏目录中声称它价值75万美元。大多数人一开始只是对它匆匆一瞥，而当他们从目录中了解到这幅画的价值之后，他们又返回来对它左看右看。

有一年复活节，一家百货公司推出了一顶1000美元的帽子，当时前来观看的女顾客将整个公司都挤满了。

在广告中，我们经常会利用这个心理因素。比如，我们正在推广一个很有价值的配方，可仅仅这样说并不会令人印象深刻。所以，我们干脆实事求是地说这个配方花费了10万美元。这一声明一刊出，便让人们刮目相看。

许多物品都是在提供质保的前提下销售的，因此这种提供质保的营销方式已经不再令人印象深刻了。不过，有一家商行提供经销商签署的质保书，以此来赚大钱。顾客在购买商品时，经销商会向其做出书面承诺——不满意就退款。由邻里乡亲来担保商品质量，而不是由远方的陌生人来担保。这种营销方式吸引了很多顾客前来尝试，而且它一直都被证明是奏效的。

很多商家在做广告时承诺："试用一周，如果您不满意，就全额退款。"后来，有人想出了免费试用的点子，并声明："如果您对产品感到满意，那么可以在一周后付款。"事实证明，这样做屡试不爽。

有一个伟大的广告人表述了两者的差别，他是这样说的："两个人来找我，都向我推销一匹马。他们都做出了同样的承诺。它们都是好马，性情温顺，连孩子都可以骑。一个说：'骑一个星期试试，如果我说得不对，就来拿回你的钱。'另一个人也说：'骑一个星期试试'，但他又补充道：'到时候再来付我钱吧。'我自然而然地买了第二匹马。"

现在，数不胜数的东西——雪茄、打字机、洗衣机、图书等都会以这种方式给顾客试用。我们发现人们基本是诚实的，产品的损失非常小。

有一个广告主要向商务人士推销一套书，可所做的广告并没有带来什么收益，所以他向另一位专家咨询请教。这则广告看上去令人印象深刻，提供的优惠也很诱人。不过，这个专家说道："让我们在广告里添加一个我觉得有用的小点子——让我们声明，将买家的名字用烫金字印在每本书上。"他们就这样做了，此外广告内容几乎没做任何改动，结果售出了数十万套书。人类心理上一些奇怪的念头，让烫金的名字给图书增加了很多附加值。

许多广告人向客户和潜在客户赠送小礼物，例如备忘录，但他们的收益相当微薄。有一个广告主寄出一封信给顾客，说他为收到信的顾客准备了皮革封面的记事本，上面将会印上顾客的名字。只要顾客根据要求申请，就可以得到这份礼物。申请表随信附送，里面要求顾客填写一些信息。这些信息实际上可以表明顾客的购买意向。

结果发现，几乎所有顾客都填写了申请表，并提供了相关信息。当一个人得知某些东西属于他的时候——载有他名字的笔记本就是这样的东西，即便这个东西微不足道，他也会尽力去得到这个东西。

同样的道理，仅限于某些人的优惠报价远比给所有人的普通报价更有效。例如，优惠只限于参与战争的退伍老兵，或只限于某个小团体或派别的会员，或只限于那些高管。那些有资格享受优惠的人想方设法都不会放弃这种优惠。

有一位广告主遭到了替代产品带来的冲击。他在广告中说"请留意仿冒品""请确保您买的是这个品牌"等，但没有什么效果，因为这些话都是一种自私的表达。

后来，他告诉顾客"也试试我们竞争对手的产品吧"——把它用在了广告标题里。他邀请顾客在不同品牌间进行比较，并表示他并不怕竞争对手的产品。这样做使情况获得了改善。消费者在购买时会小心谨慎，确保买的是该品牌的产品，因为厂家敢于与其他品牌做比较，如此，这个品牌显然要优于其他品牌。

有两个厂家推销几乎相同的食品，双方都提供一件正品包装的产品供顾客试吃。不过，其中一家将它的产品作为免费赠品送给顾客，而另一家则为顾客购买了第一件产品——顾客可以带着优惠券去任何商店兑换，厂家按照产品零售价替顾客付款。

第一个厂家失败了，第二个厂家成功了，前者甚至还失去了他曾拥有的一大部分市场份额。免费赠送15美分包装的产品让人觉得掉价，而且开始免费赠送后来却要付钱买，让消费者很不情愿。这就像是习惯了拿通行证免费乘火车，突然有一天需要买票一样。

另一个厂家按照产品零售价替消费者付费购买产品试吃，产品从此身价大涨，厂家当时是花钱购买产品的，消费者以后自然也要花钱购买。替顾客支付15美分让他试用产品与简单地提供免费赠品，两者的效果截然不同。

提供样品也一样。将家庭主妇不需要的产品主动交给她，她就会对产品不以为然，也没有心情去研究产品的优势。不过，要是在看完你的广告后，她自己来索要一件样品，那情况就大为不同了。她了解了产品的好处，对产品产生了兴趣，否则她就不会采取行动。她希望体验你广告中提及的产品品质。

主观印象相当重要。给出5件完全相同的商品，5个人可能各选各的，选择各不相同。然而，若指出某一商品具有一些值得注意的品质，每个人都会发现这些品质，之后5个人都会选择同一件商品。

如果人们会因主观印象的作用而感觉身体不适或身体健康，那么就同样可以借助这种方式使某些品牌受益。对某些产品来说，这是赢得他们青睐的唯一途径。

两家相邻的商行都以分期付款的方式销售女装，当然，它们想吸引的是那些想穿得体面些的不太富裕的女孩。其中一家商行就把她们当作穷女孩一样对待，直白地向她们推销。

另一家商行则让一个女负责人——一个充满母爱、雍容、干练的女人——主导广告。他们以她的名义来推销，还利用了她的照片。她在所有广告和信件上都签上名字，并像朋友一样写信给这些女孩。她明白不能穿得漂漂亮亮对一个女孩意味着什么。长期以来，她一直寻找机会为女人们提供漂亮的衣服，并给她们整个季节的时间来付清费用。如今，在身后的男人的帮助下，她终于能够这样做了。

这两种诉求简直没法比较。不久之后，这位女士隔壁那家老竞争对手便不得不关门大吉了。

这家商行的出资者经营家装分期赊销业务。不加区分地寄产品目录给顾客不能带来收益。提供长期信贷往往像是对顾客的一种责难。

但是，当一个已婚妇女从某女士那里买了衣服，并按照约定付了款时，他们便给她写了这样一封信："我们认识某女士，她告诉我们说，您是她重视的顾客之一。她跟您打过交道，说您言而有信。因此，我们已经为您开了一个信用账户，随时有效。如果您想购买任何东西，那么尽管订购，无须支付预付款。我们无须任何信用调查，很高兴将其寄送给您这样一位获得高度评价的顾客。"

这很讨人喜欢。当那些人想要一些家装材料时，他们自然而然地就会从那家商行订购。

心理学学无止境。有些人天生就明白这些道理，还有很多人是经验所得。但大部分心理学知识，我们都是从其他人那里学来的。当发现一种成功方法时，我们就将它记录下来，待日后有机会再运用。

这些事情非常重要。以不同的方式提供同样的优惠可能会带来成倍的收益。我们必须以某种方式在商业经验的矿山里找到最好的推销方法。

第七章
具体再具体

老生常谈与泛泛之谈给人的印象像鸭子身上的水——一抖就光，不能给人留下任何印象。说什么"世界一流""史上最低价"等，充其量只是人们意料中的广告许诺。实际上，这种"最高级"的东西通常都有害无益，因为这些表述说得含含糊糊，还有夸大其词的倾向。它们会导致读者对你所做的所有陈述半信半疑。

人们认为推销言辞会有一定的语言自由度，就像作诗一样。一个广告主可能会说自己的产品"质量最佳"。尽管人们知道其他品牌的产品可能同样好，但不会认为他是一个骗子。人们都能理解推销员为了推销产品使尽浑身解数，并为激情的夸耀制造噱头。但正因为如此，泛泛之谈没什么分量。一个倾向于使用最高级的人必须清楚，他的每一个陈述都会被谨慎对待。

不同的是，提供具体或明确的陈述的人，要么说实话，要么讲假话。人们一般不认为这样的广告主会说谎，他们清楚广告主不会在最好的媒介上讲假话。如今，广告日益受到人们的尊重，这在很大程度上得益于其对真相的日益重视。

因此，人们通常会接受一个明确的陈述，对实际的数字一般也不会将信将疑。如果广告中说明的是具体的事实，那它就完全具有分量和效果。

无论是刊物广告推销还是人员推销，考虑到这一点都相当重要。一个观点通常可以通过具体化而使其说服力成倍增加。假设你说钨丝灯比碳丝灯更明亮，你会让人们产生一些疑问；但如果你说钨丝灯的亮度是碳丝灯的3.3倍，那人们就会意识到你已经进行了测试和比较。

经销商可能会说："我们的价格已经降低了。"消费者对这样的说法不会产生任何明显的印象。但是，当他说"我们的价格已降低了25%"时，他就能激发出公告的全部价值。

一位邮购广告主面向较贫困的人群销售女装。多年来，他一直使用"美国全国最低价"的口号。他的竞争对手也照样学，使用了同一口号。后来，他向顾客保证价格比其他经销商更低。他的竞争对手同样如此。很快，他所在行业的每个广告主都普遍做出了同样的承诺，这种做法变得司空见惯。

后来，他接受了合理的建议，将广告词改为"我们的净利润为3%"。这一陈述非常具体，也被证明十分令人印象深刻。显然，由于他们业务量大，他们的价格肯定是最低的了。没有能够以低于3%的利润开展业务的。第二年，他们的业务量大幅增长。

在汽车行业的某个时段，人们普遍认为汽车行业利润过高。

有一位明智的广告主发表了这一声明："我们的利润是9％。"然后，他列举了这个厂家价值1500美元的汽车内部不易看到的零部件的实际成本。这些零部件的成本总计735美元，这还不包括汽车外部容易看到的零部件的成本。一时间，这位广告主的推广活动大获成功。

长期以来，剃须香皂总是被宣传"泡沫丰富""抹脸上不易干""快速起效"等。一个广告主与另一个广告主所采用的说法都大同小异，难以给人留下深刻印象。

后来，有一个新厂商进入了该领域。这是一个竞争极其激烈的领域，因为每一个客户都需要从别的厂商那里争取。新厂商在广告中展示了具体的数据："起泡后体积增长250倍""1分钟使胡须变柔软""泡沫丰富，可在脸上保持10分钟""测试比较130种配方后的最终成果"。也许在竞争同样激烈的领域，从来没有哪个广告能获得如此迅速和巨大的成功。

长期以来，安全剃须刀厂商都在宣传剃须快捷，有一个厂商号称78秒完成剃须。这是值得肯定的。它给出了具体的时间，表明经过实际测试。那个厂商的销售量取得了迅猛增长。

在过去，所有的啤酒广告都宣传"纯净"的概念，该说法没能给人们留下任何印象。事实上，广告的印刷字体越大，就显得越愚蠢。花费了几百万美元的广告，都是些陈词滥调。后来，有一家啤酒厂在广告中配了图片，一张图片是在一间平板玻璃房里，啤酒正在经过过滤的空气中冷却；还有一张展示了一个白色木浆过滤器，画面中每一滴啤酒都经过这个装置的过滤。广告描绘了啤酒瓶如何用机器清洗4遍，如何从地下4000英尺①下获取纯净水，如何经过1018次试验获得一味酵母，从而酿造出风味无与伦比的啤酒，而且之后所有酿酒的酵母都来自那味酵母。

所有这些广告词任何酿酒厂商都可以采用，它们只不过是普通酿酒过程中的必需环节。但这家厂商首先如此告诉人们，而其他厂商只是在宣传"纯净啤酒"。这家厂商在啤酒广告方面获得了有史以来最大的成功。

"世界各地都在用"是一句非常含糊的广告语。后来，有一位广告主使用了"52个国家的人民都在使用"这句广告语，很多人都开始效仿。

一个广告语可能会占用与另一个广告语一样的篇幅，但是具体明确的那个要有效很多倍。不同广告语之间差异巨大。如果找到了值得宣传的卖点，那么请以最令人印象深刻的方式将它呈现出来。

我们必须研究所有的这些效果。刊物广告成本昂贵。推销员在推销产品时夸夸其谈问题不大，但是当你花费巨额成本与数百万人交谈时，你的主张的分量就至关重要了。

泛泛而谈没有任何分量，那就像在问"你好吗"时，你并不是想询问对方的健康状况，而具体明确广告语的重要性不言而喻。

---

① 1 英尺 =0.3048 米。

第八章
把你的信息讲全面

　　无论采用怎样的广告词来引起注意，广告都应该是一个尽量完整的故事。如果你关注回报，那你就会发现，某些广告词比其他的更具吸引力。但在通常情况下，有一些广告词对大部分人都有吸引力。我们要在每一个广告中呈现这些广告词，以吸引那一部分的消费者。

　　为了简洁起见，有些广告主一次只采用一种广告词。又或者，他们搞了一个系列广告，在另一期报刊里继续刊登。再没有比这么做更愚蠢的了，因为读者几乎不会把这些系列广告联系起来。

　　你一旦得到一个顾客的关注，就希望把目标一次全部实现，这需要摆出你所有令人信服的观点，还要兼顾主题的各个方面。一个事实吸引一些消费者，另一个事实吸引另一些消费者。忽略任何一个事实，某一部分消费者就会错失本来可能说服他们的事实。

人们不太愿意针对某一种产品阅读一系列的广告，就像你不会把一则新闻或故事读上两遍。广告读完第一遍后，人们对接受还是拒绝已经有了主意，也就不会再读第二遍了。所以，一旦你赢得了读者的关注，就要向他呈现你所拥有的每一个重要卖点。

最好的广告主就这么做。他们通过测试——通过比较各种广告标题及收益，来获知吸引消费者的诉求。他们逐渐积累了一份相当重要的广告词清单。此后，这些广告词便都出现在他们的每一个广告中。

对于阅读所有广告的人来说，这些广告似乎单调乏味。一个完整的故事总是一个样。不过，我们也必须考虑到，普通读者可能只把一个广告看一遍。而你在这则广告中没有告诉他的，他可能永远都不会知道。

有些广告主甚至都不会更改广告。单个邮购广告常常年复一年地刊登，而受益却不会减少。一些普通的广告也是如此。这些都是已经被完善的广告，它们以最佳的方式向人们展示了所有信息。广告主不希望读者再读一遍这样的广告，他们的持续收益来自广告吸引来的新读者。

每条广告只考虑如何吸引新客户，而已经在使用你的产品的顾客就不会再读你的广告。他们已经读过，并已经做出了决定。哪怕你逐月做广告，告诉客户他们使用的产品有毒，他们也永远不会知道。所以，永远不要浪费哪怕一行字的空间去告诉现有客户一些东西，广告标题除外。永远记住，你要搞定的是那些尚未使用产品的潜在客户。

读者准备看你的广告，通常就表示对你的产品感兴趣，否则，他就不会去阅读。此时你正在与一个愿意听你推销的潜在顾客打交道，所以你要使出浑身解数。如果此时错失他，那他可能就再也不会成为你广告的读者了。

这就像一个走进一位忙碌客户的办公室的推销员，他可能经过一次又一次的努力才得到进入此处的机会，也许下次就再也没机会了。这是他获得的进行说服行动的唯一一次机会，他必须充分利用它。

这就又要提出简洁的问题。关于广告，你最常听得到的评论是人们喜短不喜长。然而，大量收益颇高的广告都表明人们并不厌恶长篇阅读。有时候，他们还会写信索取产品手册，或许是为了获取更多的信息。

这个简洁的主题未必要遵守固定的规则。像口香糖这样的广告，可能一句话就可以把它描述完整。它也可能出现在像麦乳这一类商品上。但无论篇幅长短，广告的内容都应该尽量完整。

某个人想购买一辆私家车。他很少会关心价格，但他希望车子足以体现他的身份，否则他觉得自己永远不会开车。当然，作为一名优秀的商人，他希望物有所值。

他倾向于买一辆劳斯莱斯，还考虑过皮尔斯-箭头和自动机车等品牌的汽车。然而，这些名牌汽车都没有提供他想了解的信息。这些汽车广告的篇幅都很短。显然，厂商认为在广告中为自己汽车的相对优势争辩有失体面。

相反，马蒙公司提供了全面的广告信息。这个顾客阅读了关于马蒙汽车的专栏和手册，最后买了一辆马蒙汽车，而且他对此从未感到后悔。可是，他后来了解到一辆售价几乎是马蒙汽车3倍的品牌汽车的信息。如果他早了解的话，应该就会买那辆车了。

为这样的产品做广告仅仅是突出一个品牌名，之后再加上一些笼统的概述，这多么愚蠢啊！汽车可能是一个人一辈子只做一次的投资，它涉及的是一项重要支出。一个人如果确实想买一台汽车的话，那么哪怕关于它的手册很厚，只要能够引起他的兴趣，他就会把它读完。

所有的广告都是如此。你可能只是试图让一个主妇将早餐食品改为另一种，或是换一种牙膏，或是换一种肥皂。她坚持要用自己正在用的产品，原因也许是她已经用了很多年了。

你遇到一个很难完成的任务。如果你不相信，请亲自去找她，并尝试说服她做出改变。你的目的不只是让对方为了取悦你而购买一次产品，而是让她认可你的品牌。曾经在家庭主妇门前做过这种推销的人，肯定不会支持简短的广告。他永远都不会再说"一句话就搞定"或一个品牌名称、一句承诺或夸耀一个卖点就够了。

追踪广告回报的人也不会那样做。请注意，简短广告从来不追踪收益；也请注意，每条追踪收益的广告的内容都会讲述得比较全面，尽管它占用好几栏的版面。

永远不要用未追踪收益的广告作为指导。一些不明就里的广告主以为那样是对的，可千万不要那样做。永远不要让无知的人领上未知的路。运用你自己已有的普通广告常识。千万不要听从那些对广告收益一无所知的人的建议或相信他的判断。

第九章
广告中的艺术

　　广告中的图片是昂贵的。这不仅包含艺术作品的创作成本，还包含占据版面的成本。广告活动经费的三分之一到二分之一，往往都花费在图片的影响力上。

　　任何昂贵的东西都必须讲求实效，否则它就会导致巨大的浪费。因此，广告中的艺术便成为一项至关重要的研究课题。

　　图片被采用不能仅仅是因为它有趣，或是它可以吸引读者关注，或是它可以起到装饰广告的作用。我们已经在其他章节讨论过这些要点了。广告的写作不是为了逗趣，也是为了取悦读者或娱乐大众。你写作不是为了这些诉求，而是在对一个严肃的主题进行创作，这个主题就是花钱。你要搞定的只是有限的一小部分人。

　　使用图片只是为了吸引那些可能让你受益的人。仅当占用相同版面，图片说服力强于文字时，才使用图片。

　　正如我们所说过的，邮购广告主已将图片运用科学化。有些广告采用大图，有些采用小图，还有一些则完全不必配图。值得注意的是，他们都没有采用昂贵的艺术作品。要确保所有采用图片的广告都基于经广告收益验证显然正确的做法。

其他任何广告主也都应该遵循相同的原则。再者，如果不存在适用于他的广告原则，那他就应该通过广告测试来找到自己适用的。利用大笔资金进行没有把握的冒险，显然是不明智的。

对于许多产品的宣传推广来说，图片构成了一个主要因素，更不用说那些直接使用产品本身图片的产品线了。在某些产品线的宣传中，如衣领广告和其他服装广告，图片被证明最有说服力。这些图片不仅展示了衣领和服饰，还展示了那些身处高雅环境的令人羡慕的成功男士。它们巧妙地暗示这些衣物有助于男士走向成功，获得理想的地位。

函授学校的广告也是如此。他们的广告也是追踪收益的，其图片展示了身处高位或是节节高升的男士，相当有说服力。

美容产品的广告也是这样。广告图片中展示的都是些受人倾慕、魅力十足的漂亮女人，会产生极强的诱惑力。若画面中再有一名为此女着迷的男士，图片的冲击力就更显著了。女人追求美貌主要是为了吸引男人。因此，为了最大化广告的效果，便用图片展示女人如何利用自己的美貌，就像现实生活中女人确实在做的一样。

广告中不该采用搞怪的图片。不要轻率地对待你广告的主题。千万不要因一个轻浮的举动降低广告和产品的身价。谁也不愿意做"小丑"的客户。一个是生意，另一个是家庭，人们从不轻易拿这两件事开玩笑。

搞怪的图片可能会严重损害你的广告。戴上小丑的帽子，你可能会赢得很多关注，但你的销售前景也会因此暗淡无光。

况且，搞怪或奇特的图片还会分散读者对广告主题的注意力。你承担不起这样的失误。你主要的吸引力体现在广告标题里，如果让图片盖过标题，你就等于扼杀了标题。不要为了获取平平常常且无用的关注而牺牲你想要获得的关注。

不要像一个穿着显眼衣服的推销员，他所吸引的那一部分人通常并不是好的买家。绝大多数人理智而勤俭，从心底里看不上穿着张扬的人。当你寻求客户的信任与服从时，你所做的一切都应该合乎常理。

对于广告中的艺术问题，概括性原则不太适用，大多数原则都有例外的情况。所以，每条产品线都必须具体问题具体分析。

不过，图片必须有助于商品销售，它应该比其他任何手段在相同版面中更加有效力，否则就不如使用其他手段。

许多图片传递的信息要比文字更能说明问题。在膨化谷物的广告中，采用谷物的图片是最有效的。它们唤起了人们的好奇心。在这种情况下，采用图表的效果远不如采用谷物图片的效果。

而其他图片的采用则完全都是损失，我们已经引用过很多这类的例子。与解决大多数的其他问题一样，唯一的辨别方法就是对比广告的收益。

艺术品用于广告存在一些争议，我们将在不发表意见的情况下列举一些问题。根据广告宣传产品线的不同，它们（这些问题的答案）似乎都是公说公有理，婆说婆有理。

是使用非凡艺术作品还是普通艺术作品好呢？一些广告主为了一幅画就支付高达2000美元。他们觉得与昂贵的版面相比，艺术作品的成本不算高。由此，他们认为最好的艺术作品才配得上昂贵的版面。

其他一些广告主认为，接受过艺术教育的人不多，能够鉴赏艺术的消费者只有一小部分人，少到可以忽略不计。普通艺术作品的成本只是非凡艺术作品的零头，但却足够向顾客传达广告的理念。邮购广告主多数属于这一类。

对这个问题的争论只是暂时。诚然，优秀的画作与一般的画作同样能够带来收益，广告制作成本与版面成本相比也确实少得多。

每次刊登广告都使用不同的图片，还是可以重复使用相同的图片呢？两种观点的支持者都不少。不过，重复使用相同的图片可能是更加经济实惠的选项。我们一直在争取新的客户，因而他们不太可能知道我们曾经使用了相同的图片。即便他们对这些图片确实感觉似曾相识，重复使用也不会带来多少害处。

彩图比黑白图所带来的收益会更多吗？我们现有的证据表明，这个问题的答案是"通常并非如此"，但也可能会有意外情况。对某些特定的食品广告而言，彩图的效果要好得多。针对橙子、甜点等产品线进行的测试表明，彩图带来的收益更高，因为彩色图像的效果更近似于展示产品实物。

　　不过，如果使用彩图是为了提供消遣或吸引关注，那就跟其他提供消遣或吸引关注的手段没有任何差别。这样做可能会引来数倍的读者，却不能确保目标受众耐心看完广告。

　　那条总原则依然适用：不要采用纯粹为了逗趣、提供消遣或吸引关注的广告手段。这并不会你的工作，你要做的仅仅是用成本尽可能低的方式赢得你想争取到的受众。

　　不过这些都是次要的问题，涉及的不过是广告成本能否更经济，不会对宣传推广活动的效果产生重要影响。

　　某些做法也许会导致广告收益大幅减少，而其他一些做法却能让收益成本增加。与广告的基本原则相比，一些次要的成本无关紧要。在简陋的棚屋里做生意跟在金碧辉煌的宫殿里做生意，两者没有实质性差别。广告人是否有获取最大收益的能力才是实质性的问题。

第十章
代价高昂的事情

许多做广告的方法全都因成本太高而不值得尝试，而这就是为何每个项目或方法都该通过成本和收益来权衡再做决定的另一个原因。

改变人们的习惯要付出高昂的代价，因而必须认真考虑那些涉及改变习惯的广告项目。要向俄罗斯农民推销剃须膏，首先需要改变他们留胡子的习惯。虽然成本极高，但无数广告主都在试图做这种几乎不可能实现的事情，就因为没有充分考虑相关的问题，没有追踪也不了解收益如何。

例如，洁牙剂的广告主可能会花费很大版面和资金来引导人们刷牙。通过试销我们了解到，每改变一名消费者习惯的成本可能为20美元到25美元。成本之所以如此高昂，不仅因为难度大，还因为大部分广告费都花在了已经改变习惯的人身上。

诚然，这样的成本是不可想象的。顾客们一辈子的消费额可能都抵不上这个成本。通过测试了解这些事实的制造商并没有试图引导人们养成刷牙的习惯。无法实现大规模盈利的方式，在小范围内也无法实现盈利。因此，任何广告中都没有一句话用于这种目的。有位制造商追踪每个广告的收益并以结果来引导一切广告，取得了极大成功。

另一位洁牙剂制造商花费巨资试图让消费者使用牙刷。这个目标值得称赞，但却给他人做嫁衣裳。他创造出来的全新业务都被他的竞争对手分享去了。他想知道：为什么他的销量增长与他的支出不相称呢？

有一位广告主曾花了很多钱，培养人们吃燕麦片的习惯。广告的收益少得没法统计。所有人都知道燕麦片，作为儿童食品，它的名声已经十分悠久。医生已经对一代又一代人做出过建议。由此可见，不吃燕麦片的人很难做出改变。也许他们对燕麦片的抵制根本无法化解。无论如何，推广成本已然被证明超过了所有可能带来的回报。

许多广告主都了解这些事实，也都认同这些事实。他们不会考虑为这样的目标兴师动众，但他们却拿出一部分版面为这样的目标服务。这只是五十步笑百步，不是一件好事。

没有一个种橙子或葡萄的果农会费力气增加这些水果的消费量。这么做的成本可能会是其所得回报的上千倍。然而，成千上万的果农曾联合起来推广这些水果和其他农产品，带来广告发展的巨大机遇，数十种食物的总销量增加了，果农的推广因此获利。当然，这个目标必须在广泛的合作中完成。

没有哪个广告主能够负担得起教育人们了解维生素和杀菌剂

的费用。这些工作都是由当局通过大量的无偿版面来完成的。此时，面向已经受过教育的消费者，满足其刚刚产生的需求，广告主便可以获得巨大的成功。

关注流行趋势的发展，创造全新的消费需求，需要非常精明的头脑。接下来，在合适的时间，提供产品以满足这些需求。例如，酵母和许多防腐剂就采用了这种营销方式。每年，某些流行时尚或广泛传播的影响都会创造出新生事物，把握这样的机会就能成功。不过，开创某种时尚、提倡某种品位或传播某种影响，让你所在领域的广告主受益，则是一种完全不同的事。

我们知道，某些东西有可能出售给全国半数的家庭，如达精流体杀菌剂，可是消费量却非常少，一小瓶可能就用好几年。顾客平均每人花费1.5美元，而每个顾客的消费额可能在10年内都不足以抵消赢得这个顾客的成本。

单种商品的邮购，无论其多么受欢迎，平均成本都不会低于2.5美元。由此可以合理地假设，类似商品经销商的销售成本都大致相同。营销只做一次销售的商品时，必须考虑到这些事实。也许一位用户会介绍来其他用户，但是只要像邮购广告那样追踪收益，现行的很多广告宣传活动都应该叫停。

盲目听从一些不合理的想法会导致代价高昂的错误。例如，一种商品可能有多种用途，其中之一就是预防疾病。无论大家如何重视疾病预防，预防疾病都不是一个受欢迎的话题。人们会为了看好病竭尽全力，但总的来说，很少有人会为预防疾病做些什么。很多令人失望的广告案例都证实了这一点。

人们可能会花费大笔金钱来宣传产品的预防功效，而相同资金用来宣传产品的其他功效原本可以带来数倍的销量。宣扬一种功效的标题可能会带来宣传产品另一种功效的标题10倍的收益。除非发现问题，否则广告主可能会误入歧途。

一款牙膏也许能预防龋齿，也可以美白牙齿。广告试点可能会表明后者的吸引力比前者强许多倍。成功的广告主从不在广告标题里谈及牙病，广告试点已经证明那样做没有吸引力。其他同类产品都以牙病为广告的中心，这通常是因为不了解收益，也没进行过比较。

一款肥皂可能能治疗湿疹，同时还可以改善肤色。治疗湿疹的诉求可能会吸引1%的人群，但美容的诉求几乎可以吸引所有人。谈及湿疹甚至有可能会损害美容诉求的效果。

有个人发现了一种缓解哮喘的方子，这个方子帮助他大大缓解了症状。他认为这是一个很好的推广机会。我们并没有关于哮喘这个问题的任何统计数据。我们不知道患哮喘的人有多大比例，有调查显示大约是人口的1%。如果确实如此，那么广告需要覆盖100位读者才能获得1位目标受众。与目标受众比例为五分之一的另一种商品相比，它的成本可能要高达20倍。过高的成本可能意味着血本无归。出于这些原因，每个新广告主都应该需求明智的建议。没有任何一个看重广告收益的人会建议广告主进行风险未知的广告投资。

有些诉求的内容虽然说法不太流行，但仍然很受欢迎。它们可以影响一定数量的人群，比如影响四分之一的潜在客户。这样的诉求可能在一定数量的标题中具有优势，应该在每则广告中提及。不过，这些都不能凭猜测行事，应该根据实际情况决定，即通过追踪收益做判断。

本章与其他各章相同，指出了为何要了解广告收益的一个十分重要的原因。不了解收益，科学广告是不可能的，安全广告也谈不上，更别说收益最大化了。

第十一章
信息

一个广告撰稿人想把握成功的机会，就必须获得与广告题材相关的充足信息。广告代理机构的图书馆里应该有与有待研究的每条产品线相关的图书。一个苦心经营的广告人，经常会花费几周的时间，通过查阅资料来解决自己遇到的一些问题。

可能在大量的资料中，他找不到几条有用的信息。然而，某些特定的信息可能会为他的成功奠定基础。

有位撰稿人不久前阅读了关于咖啡这个题材的大量资料，既参阅了医学相关的图书，也查阅了其他方面的资料。他想宣传推广的是一种不含咖啡因的咖啡。在他翻阅的大量的资料里有一篇科技论文，它为后来的广告宣传活动确定了基调。在文章中，他发现在人们喝完咖啡后两小时咖啡因才会刺激大脑。由此可见，人们通过咖啡寻求的即时提神醒脑效果并非来自咖啡因，除去咖啡因不会消除咖啡对神经的刺激。另外，咖啡因是一种无味的物质，因此除去咖啡因并不会改变咖啡的味觉体验。

利用广告推广不含咖啡因的咖啡已经做了好多年了。大家认为那是一种跟啤酒类似的饮料。花费数周查阅了大量资料后，我们才发现了另外一种推广角度。

为了推广一种牙膏，那位撰稿人曾经翻阅了很多大部头的科学专著，那些书读起来枯燥乏味。不过，在一部大部头的书里面，他找到了一个点子，由此帮助牙膏制造商赚了好几百万美元。那次广告推广活动也成了广告史上轰动一时的案例。

天才是不辞劳苦的艺术。广告人如果不点灯熬油，永远不会走得太远。

在宣传推广某种食品之前，广告主雇用了130个人，让他们去采访各个阶层的消费者。

在推广另一种产品之前，我们的广告主给12000名医生寄出了信件。广告主通常要将调查问卷寄送给成千上万的男性和女性消费者，以了解消费者的想法。

在推广一种乙炔气装备之前，一位年薪25000美元的广告人花费了数周时间考察了几个不同的农场。还有一个广告人，开着拖拉机做了同样的事。

在推广一种剃须膏之前，广告主请1000名男士说出他们对剃须膏最迫切的需求。

某位广告人被邀请做一种罐装猪肉炖豆子的广告，为此他征求了数千个家庭的意见和建议。在此之前，所有猪肉炖豆子广告的主题都是"购买我的品牌"。调查结果表明，仅有4%的家庭选用罐头猪肉炖豆子，其他96%的家庭都会在家里做这道菜。

问题并不是出售特定的品牌，而是这样做只面对4%的消费人群。正确的诉求是让人们远离家庭烘焙的豆子。不了解人们的意见，广告必定会失败，不过这一广告推广活动被证明是一个巨大的成功。

调查活动不仅征求了很多家庭以及经销商的意见，还对品牌间的竞争做了评估。

推广类似产品的广告主的所有文献和诉求，我们都记录了下来。如此一来，我们便搜集到竞争对手正在做的所有事情的确切信息，并以此为我们工作的基础。

我们为剪报社提供了帮助，因此我们的撰稿人能够收集到跟我们的广告题材相关的所有报刊资料。来自消费者或经销商的每条评论都会摆在这位撰稿人的办公桌上，在一条产品线上，我们通常有必要掌握总支出。我们必须了解用户一年的花销，否则我们就不知道这些用户是否值得费钱费力。

我们必须了解总消费，否则我们可能会超支。我们必须了解我们产品吸引的人的百分比。我们必须经常在不同消费阶层中搜集这些数据。在乡下和城市中这个百分比可能不同，因为广告费用在很大程度上取决于无货供应地区的广告宣传比例。因此，在进行广告活动之前，通常需要搜集大量的数据。即使是实验性的活动也是如此，因为有效的实验也需要花费大量的工作和时间。

对于可疑的诉求，我们通常找专业人士进行验证，以确认它们的真实性和可靠性。一位诚心诚意的广告主给出了一个令人印象深刻的断言。如果断言确实，它就成为广告成功的一个重要因素；如果不确实，广告可能就会反受其害。它可能会影响知名媒体刊登我们的广告。值得注意的是，多年来制造商做出的断言经常被证明是错误的。

令人印象深刻的诉求如果言之有物，内容具体，就能引人注目。为了获取确切的数据，需要进行大量的实验。例如，已知某种饮料具有很高的营养价值。这种简单的声明并不十分令人信服。于是，我们把饮料送到实验室，结果发现它的营养价值为每品脱①425卡路里②，产生的热量相当于6个鸡蛋的营养价值。这种说法给人留下了深刻的印象。

在涉及科学细节的产品线做推广时，都要指定一名检查员。一个广告撰稿人无论多么博学，都有可能从事实中得出错误的推论，所以每一个广告都要让权威人士看一看。

每则广告都涉及大量的工作，有时候一工作就是好几个星期，如果了解了这些，那么外行人一定会目瞪口呆。广告看起来很简单，因为吸引朴实民众必须做到简单明了。然而，广告的背后可能是大量的数据、大量的信息资料以及动辄数月的研究工作。

由此可见，这并不是懒人的领域。

---

① 1 品脱 =0.5683 升。

② 1 卡路里 =4.1859 焦。

第十二章
战略

做广告就像打仗，只是减少了敌意。如果你愿意，那么我们或许可以说它就像下一盘棋。我们全力以赴通常是为了抢占别人的城堡或抢走他人的生意。

我们必须具备技能和知识，必须接受培训，拥有经验和必需的装备。我们还必须有配套的弹药，并且准备充足。我们不敢低估对手。正如前面所讲到的，我们的情报部门将是一个至关重要的因素。又如另一章所述，我们还需要与经销商结盟。我们还需要有最有效的战略，以充分发挥我们的实力。

有时候，在开展新广告系列的过程中会出现产品命名的问题。这或许是最重要的问题。通常来说，合适的名称本身就是广告。它可能本身就陈述了相当完整的产品信息，如"麦丝卷""麦乳""爆米花""绿薄荷口香糖""棕榄皂"等。

好名称可能是一个很大的优势。这个名称通常会赫然呈现出来。事实证明，很多好名称是产品获得成功的关键。而其他一些不好的名称则被证明是明显的败笔，例如"烤玉米片"。可能会有太多对手与如此命名产品的厂家分享市场需求。

许多没有意义的乱造出来的名称都获得了成功。"柯达""卡罗""马自达"就是这样的例子。这些名称是独一无二的，赋予它们意义的广告主永远不需要担心其他人来分享他的优势。但是，有助于宣传产品主要卖点的有深意的名称，无疑更具有优势。能够完美呈现产品信息的名称价值数百万美元。因此，在选定名称之前，通常需要进行大量的研究工作。

有时候，还需要确定产品的价格。高定价会给产品销售带来阻力，限制产品的营销范围，到时获取额外利润的成本可能会超过基本利润。

众所周知，薄利多销才能利润最大。坎贝尔汤、棕榄皂、卡罗糖浆和福特汽车都是很鲜明的例子。事实上，只吸引10%的消费人群的价格会导致销售成本倍增。

然而在其他产品线方面，高价并不重要，高利润才至关重要。这类产品可能人均销售量很小。人们几乎不关心花多少钱购买去鸡眼的药物，因为他使用得很少。由于消费量小，厂家必须留有较大的利润空间。

另外一些产品线，更高的价格甚至可能成为一种诱因。这些产品的优劣很大程度上取决于价格。售价高于同类产品的产品被认为不同寻常。因此，价格问题始终是广告战略中的一个重要因素。

还要考虑市场竞争。有什么力量对你不利？它们在价格、质量和卖点方面会对你的诉求产生何种影响？你有什么抢走他们生意的优势？当你获得了生意时，你有哪些条件可以留住这些客户？

你的竞争对手有多强势？在有些领域，他们几乎是不可撼动的。这些产品通常曾创造出一种新习惯或新风尚，在消费者眼中，它们就象征着新的习惯或风尚。他们主宰着一个其他人几乎无法进入的市场。他们拥有销量优势和足够的利润，可以打一场硬仗。

不过，这些市场却不断遭到侵略，或是借助一些令人信服的产品优势，或是借助非常优越的销售技巧。

其他产品线只是困难稍小。以新款剃须皂为例，几乎所有潜在顾客都在使用竞争对手的剃须皂，且他们中大多数人对正在使用的剃须皂感到满意。很多人固执地使用一种剃须皂。你的广告诉求必须足够有吸引力，才能赢得那些长期钟情别家产品的顾客。

这样的目标不是通过胡乱努力来实现的。别把消费者作为一个整体来考虑，并盲目地攻击他们喜爱的产品。我们必须考虑使用竞争对手品牌的个体，那些典型的顾客。例如，普尔曼卧铺车厢里的一位男士正在使用他最喜爱的肥皂，你会怎么当面告诉他让他改用你的产品呢？我们只有学会如何赢得一位顾客，才能去做争取成千上万的顾客。

厂商可能会说他们的产品没什么过人之处，他正在生产的是好产品，但跟其他厂商的产品差不多。他应该占有一定的市场份额，可他没什么优势可以提出来。然而不管怎样，任何产品几乎都有一些令人印象深刻的东西，只是别人没有提出来。我们必须发现这个优势。我们必须让产品看上去有一个优势，不然人们就没有理由放弃自己的习惯。

还存在一个替代产品的问题，以及如何防止替代产品的出现。替代产品往往会无形中抢走很多生意，这个问题必须在最初方案中考虑到。人们必须有远见才能看到所有的可能性，还必须有智慧，未雨绸缪。

通常，每条产品线上的先驱率先打开市场，开拓出市场需求。后来，因为在广告初始阶段的一些失误，丧失了大部分的份额。例如，他们的产品本该独一无二，却仅仅成为众多品牌中的一个。

凡士林就是一个例子。该产品率先开拓出市场需求，紧接着凭借独具慧眼的广告几乎垄断了市场需求。假如称它为某品牌的凡士林，广告收益可能会出现数百万美元的差异。

吉露、波斯塔姆、维克多、柯达等公司建立了知名品牌，这些品牌都代表着一种产品。这些名称中有一些已经被录入词典。虽然它们是被生造出来的且独一无二，但如今它们已经成为日常词汇。

另一方面，皇家发酵粉和烤玉米片，当它们率先打开市场时，就为层出不穷的替代品留出一条路。霍利克麦乳精也是如此。

经销商的态度也必须考虑。人们越来越倾向于减少经销产品的种类、避免代理相同的产品以及减少库存。如果你的产品遭遇到这种情况，该如何说服经销商接受呢？如果有反对意见，我们怎样规避呢？

销售网络的问题很重要且意义重大。宣传推广一种几乎没有经销商销售的产品纯属浪费弹药。这些问题将在另一章中进行讨论。

以上这些都是广告人必须解决的一些典型问题。这些也解释了广告人要见多识广、经验丰富的必要性。一次疏忽可能最终导致客户损失数百万美元，一个错误的策略可能会阻止成功的到来。一种广告方式达到的效果可能是另一种方式的2倍，而成本可能只需一半。

没有做这些准备的广告就像没有利用起来的瀑布。能量可能蕴藏其间，但它却没有被有效利用。我们必须集中力量，并将其导向务实的方向。

第十三章
样品的使用

　　产品本身应该成为自己最好的推销员。这并非指产品的本体，而是指产品及它给人的主观印象，还有你为它制造出的氛围。正因为如此，样品便至关重要。无论价格如何昂贵，它们通常都是最廉价的营销方式。销售人员不妨像广告主一样，尝试不携带样品进行推销。

　　试用不仅仅适用于食品或专利药品这样的小产品，它能以特定方式适用于几乎所有的东西。我们曾提供过服装样品给人试穿，而现在我们正在对留声机唱片进行采样以为顾客提供试听。

　　样品有很多有价值的用途。有了样品，他们就可以在广告中使用"免费"一词，这通常会使读者倍增。大多数人都想知道提供的赠品如何。测试通常表明，样品可以创造出数倍于自身成本的回报，无须增加版面成本就可以让读者倍增。

　　样品可以促成行动。广告的读者可能无法确认购买，但他希望了解更多有关你提供的产品的信息。所以，他剪下一张优惠券，将其放在手边，然后邮寄出去或直接拿去兑换。没有那张优惠券，他很快就会把这事儿忘记。

接下来，你就取得了一个对你产品感兴趣的潜在客户的姓名和地址。此时，你可以让他开始使用你的产品，也可以给他提供更全面的产品信息，还可以去拜访他。

这个读者可能在接下来6个月内不会再读到你的某个广告，对你的产品的印象渐渐消失。不过，当他写信给你时，你便有机会完成所有可以完成的营销工作。在挽留原本会失去的顾客的过程中，样品可以带来超出自身成本的回报。

有时候，产品小样不能给顾客深入的体验，这时候我们可以让经销商发送一份正品包装给顾客。或者，我们可以在商品里凭优惠券兑换给顾客一份正品包装。如此一来，我们便拉长了顾客的体验时间。

你会说那样成本太高了。赢得潜在顾客对产品的兴趣，难道不该花费大成本吗？诱使一位读者写信索取样品，你可能要花费50美分的成本。不要再为了15美分的额外成本而错失这种机会。

样品回报的另一种形式是成为追踪广告收益的线索。他们可以记录下读者被激发出的对产品的兴趣。如此一来，你就可以将一个广告与另一个广告的标题、版式和采用的方法进行比较。

这样做就意味着推广任何产品都能节省大笔资金。最聪明、最富有经验的广告人也无法分辨哪个广告文案中的内容最具有吸引力。如果没有指引你行动的线索，你获得收益的成本很可能会是原本需要支付成本的2倍。我们知道，同一产品的广告，有一些的费用是另一些的10倍。通过为你提供准确的核算，样品可以节省好几倍于自身成本的开支。

此外，使用样品可以引导顾客找到产品的经销店。在获得稳定的销路之前，这一点很重要。

许多广告主都因为过于精明而失去了很多。他们或害怕上当受骗，或觉得省一点儿是一点儿。这就是他们赠送样品时要加收10美分或一两张邮票的邮资的原因。每次获取这笔小钱可能会让他们损失40美分到1美元不等。也就是说，它可能会增加反馈的成本。然而，值得注意的是，有很多人宁愿支付这笔额外的成本，也不愿意免费提供样品。

对样品定价会大大延迟读者的反馈。而且，这样也使你无法在广告中使用"免费"一词。正如我们所说的，"免费"这个词带来的回报一般都会超过样品的成本。

出于同样的原因，有些广告主提出"买一赠一"；或者，他们制作的优惠券只能抵扣部分价格。追踪到的收益都明确地证明，这类做法不会带来回报。在转变潜在客户的态度之前，将产品以半价和以全价向他们推销几乎一样困难。

请记住，你是卖家，是一个"求爱"的人，因此当读者表现出对产品的兴趣时，不要让你的潜在客户为难，不要让他们为你的营销努力买单。有四分之三（也许是十分之九）的人会拒绝为你买单。

产品线不同，吸引读者索要样品的成本也不同，这取决于你的诉求对象的范围。有些产品对每个人都有吸引力，而有些产品只对一小部分人有吸引力。大纽约地区一期刊物上的广告吸引来146万份索取一罐淡奶的请求。有一种巧克力饮料，收回了赠出优惠券的五分之一。另一种用途不广的产品收到的反馈可能会少得多。

但是，吸引顾客索取样品的成本通常并不低，足以引起重视，所以不要忽略它们。不要对已经对产品感兴趣的潜在客户停止营销努力。索取样品意味着潜在客户已经阅读了你的广告且感兴趣。他或她想试用你的产品并了解更多产品信息。想象一下，如果那位潜在客户就站在你面前，你会做些什么呢？

吸引顾客索取样品的成本在很大程度上取决于他们索取的方式。要求人们邮寄优惠券带来的反馈最少，而持优惠券去商店兑换样品的方式带来的反馈通常是前者的4倍。

比如现在，笔者正在推广一类产品，通过邮件索取样品的人均成本为70美分。当顾客能够拿优惠券在当地商店兑换样品时，相同的广告，索取样品的成本为18美分到22美分。

大多数人不太写信，因为写东西是一件费力的事。又或许，他们家里没有邮票。大多数人愿意花车费去获取样品，却不愿花费两美分的邮资。因此，在可能的情况下，最好的方式通常是在当地提供样品。

有一条产品线提供了三种索要样品的方式：女性顾客可以通过写信、打电话或直接到店里索取样品。70%的问询来自电话。使用电话比使用邮票更普及，也更方便。

有时候我们无法向所有经销商提供样品，此时我们将顾客引导到一些总店里。这些商店对大批顾客的到来感到很高兴。一般来说，只要其他经销商分享到销售机会，他们就不会反对这样做。让这些经销商及时将优惠券返给你，这非常重要。如此一来，你就可以在他们兴趣未减时对他们进行跟进。

据说试用样品的顾客会再次索取样品。在某种程度上，他们会这样做。然而，再次索取样品的顾客只占一小部分，可以计入你的成本。

对女性顾客说一句："一户只能领一个样品。"这样一来，很少有女性会尝试索要更多样品。少数骗取你样品的人通常是那些不会买你产品的人。所以，你没有失去购买者，而只是损失些样品。

众多产品在推广时会提供免费试用的正品包装，每套售价为10美分到50美分。在某些地区，我们曾核查了重复索取样品的情况，发现样品的损失远低于核查成本。

有些样品会浪费在儿童手里，因为他们太容易得到它们。那么，在你的优惠券中可以写上"仅限成人"。如此，儿童就不能拿这样的优惠券兑换样品了，他们也很少会用邮寄的方式索取样品。

然而，在发行到店兑换正品的优惠券时，必须小心谨慎。有些顾客，甚至是经销商，可能会买进很多带优惠券的报纸。所以，我们在发行此类优惠券时不要公布日期。我们可以将它们插入周日的报纸，它不那么容易被买空。

不过，我们并不主张把样品胡乱派发出去。分发给每个家庭的样品，就像门口的流浪儿，可能永远不会带来回报。它们中的很多样品从未到过家庭主妇的手中。即便它们到了主妇们手中，也没有达到预期的效果。如此只会让该产品掉价，因为这种推介产品的方式不讨人喜欢。

通过商店展示产品也是如此，总能找到一种收益高成本低的方法。

许多广告主都不理解这一点。他们向经销商提供数以千计的样品，而经销商便随意派发。如果可以追溯获得收益的成本，广告主们一定会感到震惊。

只向感兴趣的人提供样品。样品只提供给那些通过积极努力表现出对产品兴趣的人，只提供给阅读了产品广告并对产品有所了解的人。要营造出一种产品不简单、人人渴求并期待拥有的氛围。当人们被这种情绪感染时，你的样品通常会让他们认可你所宣扬的产品的优势。

这里又一次展现了计算人均营销成本的优点。这是衡量广告效果的唯一方法。样品有时似乎会让广告费翻倍，它们的成本往往高于广告成本，但是正确使用它们几乎总是吸引顾客的最廉价的方式。这正是你所期待的。

反对样品试用的观点通常都带有偏见。它们可能来自广告代理机构，这些机构巴不得把所有广告经费都花在印刷品上。我们可以通过广告试点测试来回应这些观点：尝试在一些城镇使用样品，在另外一些城镇则不使用。在有效使用样品的情况下，我们很少发现某条产品线的人均营销成本不下降。

第十四章
销售网络

大多数广告主都面临构建销售网络的问题。没有它，开展全国性的广告推广是不可想象的。如果获得的顾客十分之九都找不到销售产品的商店，那么企业就无法盈利。

通过引导顾客重复到经销商那里买货，迫使经销商增加库存，这样做可能成本高昂。一个销售团队顾及全国的销售通常是不可能的。仅靠广告承诺便让经销商囤积不了解的产品，这并不容易。他们已经见到过太多努力付之东流，太多承诺无法兑现。

在此，我们无法讨论构建销售网络的所有方案。针对某一家企业，可供使用的销售网络的构建方式有很多种。某些企业最初采用直销的方式——邮购——等到有了一定量的市场需求，经销商便不得不开始供货。

有一些企业通过样品试用或其他优惠方式与潜在顾客取得联系，然后将他们推荐给某些经销商。

在一些知名厂家对销量做出保证的情况下，众多的经销商就可以提前大批进货。有些厂家会先将产品寄售给批发商，以便经销商可以轻松订货。有些厂家在广告中列出一些经销商，于是其他经销商也纷纷进货。

构建销售网络的问题不计其数，而获得成功的方法也不少。不过，它们中的大多数方法都适用于少数几条产品线，不值得在这本书里展开讨论。

我们将在这里探讨诉求对象广泛、顾客需反复购买的产品，如食品和专卖药品。

在产品推广初期，即便在杂志上登广告最适合该产品，我们也通常从本地广告开始。我们按照城镇建立起经销点，之后再逐渐开展全国性的广告。

有时候我们会标出产品经销商的名字，在其他经销商进货后，我们添加上他们的名字。在推广计划准备期间，可以将某些经销商的名字列入广告，普通的经销商都希望被包括在内。通常，在最初几则广告见报时，我们便向经销商公布这些优惠条件，只要销售我们的产品，我们就将其名称列入广告。这样做通常可以赢得大部分经销商。

无论你在广告中列出的经销商是多是少，一旦广告成功，其他经销商都会在非常短的时间内进货。接下来，所有的经销商都会开始供应你的货物。

如前章所述，使用样品的方案也有助于迅速构建销售网络。样品一旦发挥出这种作用，往往物超所值。

若样品只在本地派发，那么优惠券便会指定商店。去那里索取样品的潜在顾客，知道那些商店是供货的。如此，生意便很少会错失。

当样品索取信到达广告主手中时，这些顾客将被转介给一开始制定的经销商。大量需求集中在指定的经销商那里，这会迫使这些经销商订购我们的产品。

有时候，我们向大多数商店提供样品，但也要求他们购买一些产品。例如，每订购一打正品，你就提供给他们一打样品。此时，我们将全部商店都转介给了索取样品的顾客，从而迅速构建起整个销售网络。经销商不愿看到他们的顾客去他们的竞争对手那里，即便是去索取样品。

如果采用优惠券的方式，顾客能够拿着优惠券到任意商店兑换正品包装的产品，这样就解决了构建销售网络的问题。将刊有优惠券的广告小样寄送给经销商，告诉他们很多老客户都会带着优惠券前去领取赠品。一张优惠券就意味着一笔生意，且能够收获全额的利润。哪会有经销商愿意放走这些顾客呢？

提供免费赠品是构建广泛销售网络的成本最低的方式，它常常能达到物超所值的效果。

有些广告主在全国范围内都开展过相同的推广活动，他们的成绩相当不错。他们将带有优惠券的广告（每张优惠券可以在商店兑换一份正品）插入杂志里，并提前将广告小样、杂志名单以及杂志的发行量寄送给经销商。

这样一来，有时候一周时间内，厂家便构建起全国性的广泛的销售网络。当刊登着优惠券的广告见报时，一切都顺利完成了。这又一次表明，提供免费赠品比其他强行配货销售的策略成本要低得多。而且，如此一来，成千上万的顾客立马就成了产品的用户。棕榄皂和膨化谷物等产品就是依靠这种方式构建起了销售网络。

倘若占报纸发行量一半的读者居住在其他城市，而样品需要到当地商店领取，那这一半的报纸广告就浪费了。你可以在优惠券上注明，其他城市的读者可以寄信给厂家索取样品。如果收到他们的信，不要将样品直接寄给他们，而要将样品派发给他们所在城市的经销商，让他们去那个商店收取。倘若把样品直接寄给他们，在他们试用后想购买时，可能就找不到供货的商店了。而提供样品的商店往往会因顾客有需求而配货供应。

通过以上方式，许多广告主不费一兵一卒便构建起全国性的销售网络，其效果立竿见影，而花费的成本则远低于别的方式。

在一开始，有些广告主为了寻求经销商，会给经销商派送一些产品作为赠品。这样做或许比错失顾客好，不过花费的成本却太高了。这些免费赠品的成本不得不通过广告提升销售量赚回来，若依售价将赠品成本计入营销成本，你会发现获得经销商的平均成本是很高的。对小批量货品来说，雇用推销员去销售的成本可能还要低点儿。其他一些营销方式的成本可能更低些。

通过寄售的方式将货品发给零售商，普遍不受欢迎。很多经销商都讨厌这种方式，因为收款颇为麻烦。这种与商业常规不符的做法是不会受经销商支持的。

对适用的产品线来说，我们在这里倡导的方案都是已知的最佳方案了。其他产品线则需要具体问题具体分析，采用其他不同的方案。限于本书篇幅，对于那些方案，在此就不一一展开探讨了。

不过，在销售网络初步完善之前，不要展开广告推广活动。别采用成本太高的方式赢得经销商。另外，也别采用见效慢、俗套的方式，因为时间的浪费会给销售造成巨大损失，还可能让快速进场的竞争对手抢占先机。

还是找那些久经沙场、经验老到的广告人请教一二吧，让他们告诉你适用于你的产品的最佳营销方案。

第十五章
试点推广活动

在试点推广活动中，几乎所有与产品营销相关的问题都能经济、快速地找到终极答案。这也的确是获得答案的正确方法，而不是靠耍嘴皮子纸上谈兵。你们的终审法官是产品的消费者。

如何营销才能盈利，这是每一个新产品都会遇到的问题。你和自己的朋友也许很喜欢这个产品，可大多数消费者可能并非如此。一些与之竞争的产品或许更受欢迎，又或者价格更实惠。对你来说，跟这些竞争对手抢客户可能得不偿失，因为它们已经强有力地站稳了市场，跟他们抢客户需要花费大量成本。

由于产品的使用周期可能很长，消费者也许只买一次就不再重复买了。另外，产品可能只会吸引一小部分人，所以大部分广告都没什么用处。

做广告会遭遇许多意想不到的事儿。你看不上眼的广告项目可能会大获成功，而你胸有成竹的广告项目可能会惨败收场。究其原因，是消费者的品位相差悬殊，我们不能足够了解他们的需求，事实上谁也无法预测出普遍适用的观点。

从前，广告主会主观揣测市场，结果猜中的人少之又少，猜错的人到处都是。那时候，广告业遭受了各种各样的重创。当时即便是侥幸获得成功的广告主也往往行走在市场潮流转变的边缘地带。他们既不懂顾客的人均成本，也不明白顾客的人均销售额。他们的营销成本有时要很久才能收回来，更经常的情况是压根儿就收不回来。

如今，我们通过调查数千人的喜好来判断数百万人的选择。我们通常先在小范围内进行尝试，观察成本和收益的变化。当得知争取到1000位顾客的成本时，我们便可估算出争取100万位顾客的成本。当搞清楚1000个人的消费心态时，我们就了解了100万人的消费心态。

我们会确定试点推广范围内的各项平均值，它们一般总会保持一致。我们既知道成本、销售、利润及亏损的数额，又知道成本收回的时间点。在展开推广活动之前，我们已然通过试点活动证实我们的方法将十拿九稳。所以，现在，由对这一切了如指掌、驾轻就熟的广告人主导的广告项目，都不会"触礁翻船"。

我们可能会在四五个城镇开展试点推广项目。在那里，我们可以通过派发样品或免费赠送的方式快速打开市场，开发用户。如此一来，我们便可以获知开发一位顾客的成本。接下来，我们在一旁观察顾客对样品的态度。如果他们对样品有好感，那是否会继续购买？会买多少呢？多久的销售利润才能收回营销成本呢？

开展一次这样的试点推广活动，成本为3000美元到5000美元。即便所测试的产品不受欢迎，也不会损失严重。推广活动多少总会带动一些销量，事实上几乎每一次试点活动都最终收回了全部成本。

有时候，我们发现在账单到期前，广告成本就已经收回。这是一种理想的情形，它意味着产品无须专门投资便可进行广告推广活动，没有任何成本就可盈利。许多有头脑的广告主就是这样逐渐壮大起来的。

对另外的一种产品来说，或许要3个月的时间才能回本，开始盈利。不过，广告主深信产品会在3个月后实现盈利。推广活动一旦全面展开，他务必要拿到相应的投资。

试想，这对广告主意味着什么。有个人认为自己拥有一款值得推广的产品，但在全国范围内做广告似乎面太广、成本太高，他有些担心，迟迟不敢行动。

而今，他在数个普通城镇推出了自己的产品，成本可以接收，也几乎没什么风险。看到数千名顾客对产品的态度，他就知道未来数百万顾客对产品产生怎样的态度。然后，他就可以依此行动。假如以后进行规模大的推广活动，他就能确切地预测到收益究竟如何。

如此对测试产品万无一失，风险非常小。要是产品获得成功，他便可以大赚一笔；要是他错误估计了产品，损失的也不过是小钱。

我们希望引起重视和推而广之的是这样一些事实。如今，我们公司的全部大客户都是这样一步步从不入流的小企业发展起来的。经商者一旦意识到可以这样推广产品，其他成百上千的人便会争相效仿，在此之前无数财富创造者还在沉睡。当今世界上最大的广告主所经营的业务便是专门启动这样的项目。通过种种测试，他们不断发掘出许多成功的产品。目前，他们有26种产品，年利润可达数千万美元。进行这样的试点推广活动还有别的一些目的。营销工作中出现的种种问题，都可以通过试点推广活动找到答案。

有家大型食品公司的广告主觉得产品换换样式会更受欢迎。对此，他和公司的全体顾问都确信无疑。在不征询消费者意见的情况下，他们也愿意依照这个想法来做，不过后来还是听从了更加稳妥的建议。

他们选出了数个城镇，在那些地方的报纸上刊登了一份印有优惠券的广告——拿着优惠券可以去商店领取一款新产品。随后，他们写信向顾客们征询意见。对于新产品，顾客们几乎异口同声地反对。

后来，有人建议将同款产品的样式做另一种改变。从前一次改变的结果来看，改变产品样式的前景似乎不太乐观。那个食品公司的广告主甚至觉得连试点推广都不要了。但是，最终他还是通过同样的方式将问题交给数千名女性顾客来回答，结果显示有91%的顾客投票赞同产品的新样式。现在，他就拥有了一款独一无二的产品，产品销量有望大幅提升。

这些试点推广活动，每一次的成本大概为1000美元。第一次测试活动帮这位食品公司广告主避免了一个损失惨重的错误，而第二次测试活动则极有可能为他带来丰厚的利润。

通过试点推广的方式，我们还可以为成功的推广方案测试新方法。如此一来，我们便可以在继续现行推广方案的同时不断找出更好的方法。

在5年中，我们曾为一位食品公司广告主测试了50个不同的推广方案。每隔一段时间，我们都会找出一种改进的方法，广告收益持续增长。在第五年年底，我们找到了一种最佳推广方案，因此减少了75%的营销成本。换而言之，与之前的最佳方案相比，新的最佳方案的收益提升了4倍。

这便是邮购广告主的做法：一次又一次地测试广告方案，不断地做出改进，不断地减少成本。其他的普通广告主也应该遵循商业规律，小心行事，就像他们一样。

另外，试点推广还有一个功能。一个广告主的广告一直平淡无奇。有位经验丰富的广告代理人相信自己的方法可以让这则广告产生更大的效益。那位广告主却心存疑虑，他现在的销量还过得去，而且他也不愿意终止与之前的广告代理公司的合作，因此宁可选择维持现状。

此时就可以借助广告测试的结果来解决这个问题。在不影响整体广告推广活动的情况下，新的广告代理人可以找数个城镇来做测试。之后，将他创造的广告收益与原本的整体广告收益做一下比较，也就能证明他的方案更有效。

对于这样的产品线，很容易出现模棱两可的观点。来找广告主的人接连不断，人人都号称懂得多、能力强，广告主常常很难做出决定，还容易做出错误的选择。

现如今，无须花费大量成本就可以获取确切的数据，给问题一个明确的交代。广告主也无须做任何承诺，这就像对着推销员说："先推销一周试试。"如若采用了这种方法，很大一部分广告就要转手给其他广告代理来做。

我们再次回到科学做广告的主题。假设药剂师随口说一句"这种化合物最有效果"，或者说"那种更好"。你不会尊重他的看法。可是，他做过很多试验，有时要做成百上千次的试验来证明那种化合物最有效。而且，在获得试验数据之前，他也从不妄下结论。广告主们什么时候才能在广告中运用这种精确的科学方法啊？

第十六章
勿指望经销商

对于许多产品线来说，我们都不能指望批发商和经销商的主动帮助。他们事务繁杂，手上有很多产品线需要考虑。一般来说，正在推广的产品线利润不高，而且这些产品还往往打折出售。

一般的经销商所做的事情就是我们会做的事情。即便要竭尽全力，也只是针对自己的产品品牌，而不是其他人的产品品牌。

不过，经销商常常向你承诺说会为你的产品全力以赴，并以此作为理由要求你在补贴和售价上做出一些让步。而广告主们通常就给对方额外打个折，或者提出进货的优惠条件，例如订十赠一。他们觉得经销商备足了货品，销售起来就会加倍卖力。

这么做对大多数产品线都没效果，也许只对少数产品线有作用。即使经销商确实努力了，一般也不会增加产品的总销量，因为他们所做的不过是互抢生意。

对大多数产品来说，完成销售却没有获得消费者对该品牌的认可，对整体销售的意义不大。依靠广告让产品深入人心，才有可能带来忠实的顾客。因他人随意推荐而购买产品的人通常不会持续购买同样的品牌，因为下一次会有人给他其他的建议。

原本属于广告主的收入却常常在没有足够回报的情况下被拱手送给了别人。如果把这些折扣和赠品用于争取新顾客，那么回报会更加乐观。

赠品的成本必须通过自己的努力才能赚回来。订十赠一的优惠意味着同样成本的广告必须增加10%的销量才能获得相同的回报。如果你让经销商订购而不提供优惠给他，那么他很可能会订购同样多的货量。

通常，大笔经费就这样一点点耗费在经销商承诺的各种形式的协助上，比如在橱窗或店铺里进行产品展示。醒目的橱窗展示或许可以给一个经销商的店铺带来大部分销量，但它却可能根本不会增加你的产品总销量。

这些促销方式的效果也要通过试点来验证。尝试在两个试点城市分别采用不同的促销方式，之后对比两个城市的总销量。很多产品线的测试都将表明，成本昂贵的产品展示毫无价值。越来越多经验丰富的广告主都不再花钱展示产品了。

这一切都属于一般的宣传方法，在很久以前相当受欢迎。这就好像在水面上撒面包，以为它会回来。20年之前，大多数广告都采用那种方式。

现在，我们对广告进行测试。对于各种形式的支出，我们都可以比较成本和收益。这很容易完成。这种现代化的手段可以节省很多不该花的冤枉钱。

科学广告改变了许多老方法和旧观念。事实证明，许多长期存在的方法都是愚蠢的。对于其他形式的营销方式，我们有一套评价标准，为什么不把它运用到这里，抑或是运用到评价产品的制造成本上呢？

你做广告的所有目的都是以一定的价格收买新顾客，从而获得利润。对于是否将生意集中在特定的某家商店，你并不在意。你想了解的是收买新顾客的成本以及他们的消费需求。如果收买一个新顾客花费1美元，那么每浪费1美元都会让你错失一位潜在顾客。

你的业务将以这种方式逐渐建立起来，而并非借助经销商的帮助。你必须自己做产品营销，以取得自己的成功。请满足于经销商按时按量订购你的产品。别花冤枉钱，把你所有的资金都花在最重要的事情上。

第十七章
个性化

一个人想要给别人留下深刻印象,便必须以某种方式脱颖而出,而且这种方式必须是令人愉悦的。举止古怪并非人们渴望的独特之处。不过,以独特的方式做出令人钦佩的事情会成为一种巨大的优势。

无论人员推销还是印刷广告推广,都是相同的道理。有一种独特之处,贬低他人并引起他人的怨恨;还有一种令人耳目一新的独特之处,抬高别人,受人欢迎和铭记。拥有后者的推销员是幸运的。

我们试图让每一位广告主都形成一种风格。我们让他们与众不同,也许不同的并非外表,而是他的态度和语气。他们被赋予了一种最契合产品受众的个性。

产品看重踏实肯干的精神,广告主就得显得粗犷而诚实。产品的选择主要依个人喜好,广告主就得看上去是个好人。还有一些产品的广告主通过展现专家范儿,给人留下了深刻印象。

我们已经举过一个例子——一位女士向年轻女孩推销服装大获成功，那不过是通过创造出一种个性化的人物而达成的。

这就是我们有时候会在广告上署名的原因——给广告增添一些个人的影响力。一个人，一个对自己的成就感到自豪的人，在现身说法，而不是一个"没有灵魂的公司"在自说自话。我们会尽可能在广告中引入一个有个性的人。让这个人有名起来，与他相关的产品也会随之走红。我们在推广产品的某项改进时，将改进者的名字讲出来会增加推广的效果。

之后，我们要注意，别轻易改变一个被证明有吸引力的人物形象。一个人在为某产品撰写新广告文案以前，他需要深入了解广告主预设的人物个性，然后他便像演员演戏一样扮演这个角色。

在成功的广告推广中，我们不遗余力地让自己的语气与广告人物保持一致。争取到这么多顾客的人物形象可能是争取到更多顾客的最佳形象。接下来，人们开始了解我们，我们在人们熟识广告形象的基础上对其进行介绍，而不是再向他们介绍一个陌生形象。人们不仅仅凭着名字知道我们的广告人物，还有他的外貌和习惯。假如每次呈现给顾客的都是不同的形象，则会很难赢得顾客的信任。

然而，我们不希望顾客们认为推销策略是预定好的，不想让顾客们认为我们的广告诉求是人为编出来且经过深思熟虑的。我们必须让它们看起来是发自内心的，而且永远来自同一颗心，除非方向走错了，我们不得不推倒重来。

有些广告人物和现实中的人一样，都有招人喜欢的个性。例如，有些人说话我们喜欢倾听，而有些人说话则让我们感到厌烦；有些人说话令人耳目一新，而有些人说话平淡无味；有些人让人油然而生信任，而有些人则让人保持警惕。

创造合适的人物个性是广告中的一项至高无上的成就。接下来，广告主在该领域的声誉会越来越高。永远不要厌倦自己所扮演的角色。请记住，改变我们的个性会迫使我们最好的朋友重新认识我们。

第十八章
负面广告

攻击对手的广告从来都不算好广告。不要指责别人的过错。在最好的媒体中也不能这样做。这从来就不是一个好的计策。这样做不仅突出了自私的目的，看起来也不公平，而且没有遵守规则。如果你厌恶吹毛求疵的人，那就展示出你宽宏大量的形象吧。

广告要展示的是光明、快乐和有吸引力的一面，而不是黑暗、讨人厌的一面。广告展现的是美丽，而不是平庸的相貌；展现的是健康，而不是疾病。不要展示你打算除去的那些皱纹，而是展示一张皱纹全消的面孔。你的顾客对皱纹并不陌生。

在推广一款牙膏时，要展现健康漂亮的牙齿，而不是难看的牙齿。广告谈论的是改善后的状况。在做服装广告时，图片中展示的模特要衣冠楚楚，不能衣衫褴褛。推广商议课程的时候，要展示成功人士，而不要展示事业上受阻的人。广告中呈现的是人们希望自己变成的样子，而不是人们现在的样子。

人们被阳光、美丽、幸福、健康和成功所吸引，因此就为他们指出通往这些人生境界的途径，而不是指向相反的方向。

图片展现的应该是被人羡慕者，而不是羡慕他人者。告诉人们该做些什么，而不要告诉人们避免些什么。让你的每一次广告都充满快乐的情绪，因为对于阴郁，我们总是避之大吉。

假设人们愿意做你所要求的，对他们说："马上写信来索取样品吧。"而不要对他们说："这样的优惠条件，你为什么连看都不看？"这明摆着是说人们不在乎你的广告。你应该邀请他们跟随大众的潮流。

来对比一下两则广告的效益，一则是负面广告，一则是正面广告；一则呈现阴暗面，一则呈现光明面；一则发出警告，一则发出邀请。你会感到惊讶。如果你有我们的经验，你就会发现，正面广告吸引的顾客数量是负面广告的4倍。

过去那些对"使用前"和"使用后"进行对照的广告是愚蠢的。除非面对那些受过折磨的人群，否则这种做法毫无必要。永远不要让那些人的痛苦回忆引导你在广告中描绘事物的阴暗面。

第十九章
撰写商业信函

写信是做广告的另一个方面，是我们所有人都必须考虑的问题。几乎所有的推广活动都需要写信或应该写信。每一个商人都会收到大量供他们传阅的通知信。它们中的大部分都被直接投入废纸篓，有些需要他做出回复，还有一些需要备案存档。

来分析一下这些信件。对于有些信件，你之所以准备回复或决定备案，是因为它们的标题引起了你的兴趣。只要瞄一眼你就会发现，它们提供了你想要的东西，或者有你想了解的东西。

无论何种广告，都要牢记这一点。某买家每年的购物支出为5000万美元。到达他办公桌的每一封信件和每一份通知函都得到了相应的关注。他想要了解自己购买的那几种产品的信息。

我们经常观察他。在1分钟内，大概有十几封信落入废纸篓。接下来，有一封信被他放在了一旁，这封信的内容值得考虑。另一封信被他归入了"清漆"一档，后来他买清漆的时候就拿出了这封信。

该买家通过购买抢手货而赢得了多个奖项。他做出购买那些东西的决定是基于获得的商品信息。然而，对于到手里的绝大部分信件，他不过就匆匆一瞥。

所有的广告都适用相同的原则。正如广告主所做的那样，撰写信件的人也常常忽视这些原则。他们写的信未能得到应有的关注，因为他们没有提供买家想知道的信息。

有一本杂志每年要寄出数百万封信，其中有些是杂志订阅广告，有些是图书广告。在杂志出版者寄出500万封信之前，他会先寄出几千封信进行测试。他可以先尝试25封信，每封信被寄给1000名潜在顾客。他在了解了获取收益需要多少成本之后，也许会放弃这个方案，因为它似乎无利可图。如果并非无利可图，他就会选用那封带来最多回报的信。

这就跟广告人现在以科学为依据做广告是一样的道理。邮购广告主也都是这样做的。他们用测试广告的方法测试他们的信件。在对许多信件进行测试，某封信被证明会带来最佳收益之前，千万不要随便把一封信作为通用信件。

撰写信件与做广告关系密切。无论是给询问产品信息的顾客的信，还是跟进顾客的信，都应尽可能地对它们进行测试。如果不能如愿，那么写信就要以其他测试获得的经验为依据。

信件间的差异与广告间的差异基本相同。有些信件可促使读者采取行动，有些信件则不会；有些信件可实现销售的目的，有些却会让人失去之前对产品的好印象。这些信件通常被寄给即将被说服的顾客，非常重要。

一般经验表明，一封成本为2美分的信不会比1美分的信更受关注，包装精致的信也不会比包装一般的信更受关注。读者的诉求在于信件的内容。

有人发现，优质的信封、信纸和宣传册其实会起到与预期相反的作用。这种推销方式没有推广产品的优点，让人感觉像是刻意营销。信件的这种效果跟广告也很像。

寄给询问者的回信就像一个走到潜在顾客面前的推销员。你知道是什么让顾客产生了兴趣，接下来就要据此跟进，而不必再寻他路。深化顾客对产品的已有印象，别再盲目去猜测。

撰写信件的重要目的就是促使人们马上行动，这跟做广告是一样的。人们天生爱拖拉，总是不断地拖延，而一个行动拖延到最后的结果就是被遗忘。

尽可能采取措施让人们立即采取行动。可以提供一些带有诱惑性的优惠条件，或者告诉他们过了这村儿没这店儿了。请注意，很多成功的营销信件都会为优惠设定一个时限，到了特定的日期优惠便会作废。这一切都是为了人们迅速做出决定，克服拖延的习惯。

有位邮购广告主免费向顾客提供商品目录。索取目录的人可能会收到三四个类似的目录。想要做成这笔生意，广告主必须在竞争中胜出。

因此，在寄出商品目录时，他还会寄去一封信，随信附上他的私人名片。他在信中说："您是新顾客，我们希望让您受到欢迎。您在订购商品时，请附上那张名片。写信人想确保您在收到商品的同时收到一份礼物，一份让您可留作纪念的礼物。"

对于一位老顾客，广告主会给出其他一些赠品礼物的理由。这种促销方式能引起顾客的好奇心，让其优先考虑他的商品目录。倘若没有迫不得已的理由在其他地方订购产品，这个顾客便一定会把订单寄给这位广告主。礼品可以给每本商品目录带来更大的销售额，其可能是礼品成本的好多倍。

让顾客采取行动的方式有很多，但很少有一种方式可以适用于两种产品。不过，基本的原则都是一致的，那就是要趁热打铁，让顾客马上做决定。之后，如果可以的话，请让他们立即采取行动。

与因顾客拖延而产生的损失相比，你为使其迅速采取行动而支付的成本更加划算。有位广告主承诺，只要购买6件产品并寄回包装上的商标即可获赠礼品，优惠期仅为一周，结果吸引了成千上万的女性顾客。

第二十章
利于销售的商品名称

有故事的名称具有很大的优势。商品名称通常都会十分醒目。既然居于醒目显示的地位，就应该有助于广告发挥效用。一些故事性强的名称本身就几乎是一则完美的广告。"五月气息"就是这样一个名称，"麦乳"也是这样的。仅仅这个名称就价值千金。诸如此类的例子还有"荷兰洁面乳""科蒂库瑞""染亮皮革油""速食木薯淀粉""三合一油""穿不破袜业""外用酒精"等。

这些名称可能受到保护，但它们本身就描述了产品，因此它占据醒目位置是物有所值的。

其他那些生编硬造出来的名字毫无意义。这样的例子有"柯达""卡罗""马自达""萨珀利奥""凡士林""高洁丝""力士""波斯塔姆"等。它们虽然能够受到保护，而且长期持续的广告也可能会给它们带来意义，使它们变得非常有价值，但绝大多数这样的名称很难达到这种程度。

这样的名称不利于广告，它们被突出显示是非常值得怀疑的。广告的重点是产品服务，而不是名称。这些没有故事性的名称和图片的展示会浪费大量版面空间。现代广告的发展趋势是避免这种浪费。

此外，还有一些硬造出来的名称表示的是任何人都可以使用的产品成分，比如"无花果糖浆""椰子油洗发水""焦油皂""棕榄皂"等。

如果价格合理，这些产品也许能在市场上占主导地位，但它们不但要面对一定程度的市场竞争，还会招致替代品出现。它们与其他具有相同成分的产品被归为一类，因此价格必须跟该类产品保持一致。

"烤玉米片"和"麦乳精"是不太幸运的名称的例子。在这两个例子中，广告主创造出了新的市场需求，但他们创造出来的市场需求却被其他人共享，因为其他人也可以使用同样的名称。原创者仅仅依赖这个品牌。我们来猜猜看，一个生编硬造出来的产品名称可以带来多少利润，这个问题有些意思。

在专利产品方面，必须记住，商品名称的使用权与产品专利同时到期。"卡斯托里阿""阿司匹林"和"麦丝卷饼干"等名称都已成为通用名称。

这是值得我们认真考虑的一点。它常常会使专利成为不太理想的保护措施。

生编硬造名称的另一个严重缺点就是流于轻浮。在追求独特性的时候，我们可能会采用不庄重的名称。对一件庄重的产品来说，这样的名字成为一种致命的缺陷，它几乎不会让人对产品产生信任。

在不得不使用一个通用名称命名产品时，最好的补充名称就是人名。它比生编硬造的名称强得多，因为它表明某些人为自己的创造感到自豪。

由此可见，名称问题对于新业务奠定基础至关重要。有些名称已然成为商品获得成功的主要因素。有些名称则会给原创者造成很大损失，损失的可能是他们所开拓业务的五分之四。

第二十一章
好业务 好生意

笔者儿时的家坐落在一条湍急的小溪旁。溪流带动一个木轮，而木轮给一个磨坊提供动力。使用这种原始的方法，溪流的潜能只有一小部分被利用，大部分能量都被浪费了。

后来，有人对溪流应用了科学的方法——放入涡轮机和发电机。现在，虽然溪水并没有增加，不能产生更多的电力，但它已经能够维持一个大型制造工厂运行。

当我们看到广告资源被浪费时，我们会想起那条小溪。这样的例子成百上千，随处可见。在拥有数百万发行量的报刊上登无用的广告，就好比把溪流蕴藏的大量能量用来转动一个木轮，而同样的资源在其他人手中却会带来数倍的回报。

我们看到无数广告年复一年地刊登，我们知道这些广告无利可图。人们花5美元做1美元就能做的事儿，明明可以收获成本的150%，有人却收回成本的30%。这些事实很容易被证明。

我们看到了浪费的版面、轻浮的名称、自以为聪明的比喻和娱乐化的内容。昂贵的版面中充斥着废话，如果让某个推销员来说这样的话，他们一定会怀疑自己是否理智。可是，这些广告的收益始终没有人追踪。这些钱花得盲目，仅仅是为了满足某些人的奇思妙想。

不仅仅是新手广告主，许多老广告主对自己的广告收益也不太了解，甚至压根儿就一无所知。公司业务的增长受方方面面因素的综合影响，而广告只是其中一个因素。

有位拥有多年经验的广告主，每年要花费高达70万美元的广告费。他告诉笔者，他丝毫不知道自己的广告是否会产生效益。有时他甚至认为，即使没有广告，他的生意也能拓展到那么大的规模。

笔者回答说："我知道，你的广告完全无利可图。给我一周时间，我就可以向你证明这一点。倘若你在广告结尾处承诺，只要写信说阅读了广告的人，都可获得5美元的奖励。到时候稀少的回复人数一定会让感到惊讶。"

想想看，这是多么令人叹息的坦白——在不知道结果的情况下，花费了数百万美元。无论这种政策应用在公司的哪项业务上，都将导致公司马上破产。

你还会看到其他一些广告，对此你可能也不会喜欢。它们可能看起来繁杂或冗长，对你没有任何吸引力，因为你寻求的是一些赏心悦目和娱乐消遣的东西。不过你会注意到，这些广告都是可以追踪收益的。很有可能，你所看到的广告是在追踪了大量广告的收益后找到的可带来最多收益的广告。

其他还有很多现在没有追踪编码，但起初都追踪过收益。它们都基于已知的统计数据。它们先在小范围内试点，成功后才大规模推广。那些广告主把他们的资源利用到了极致。

做广告表明出资投放广告的人认为广告是有效的。既然它给别人带来了显著效益，也一定会给他带来好处。于是，他便把它当作众人认可的秘密法宝。如果公司业务蓬勃发展，他就会认为是这个法宝有用，否则，就把失败归因于命运。

看起来，这似乎让人难以置信。店主即便插入20美元的广告，也知道是不是有回报。若是一家大商店的广告，每一行空间的成本都要从相应柜台的账面上扣除，每一寸广告空间的成本在第二天都必须证明其合理与否。

然而，大多数全国性的广告都并非物有所值。人们只是自以为它们会带来回报。一个小小的测试也许就能指出增加回报的方法。

有些广告方式虽然现在仍然占据主导地位，可距离它们的末日已然不远了。仍然采用这些方式的广告人已经看到了不祥之兆。不久的将来，广告主们都会知道他们投资在广告上的收益。盈利能力和高效低耗的概念都会被运用于广告的评估，广告人和广告方式都会用已知的广告收益来衡量，只有有能力的广告主才能生存。

就在一个小时前，一位老广告人告诉笔者："我们这种人的日子已经到头了。骗人的假话已经被揭穿，花言巧语也正在被现实所取代。我对这种趋势感到震惊。"

正在颤抖的人不在少数。如今，大量的广告都按照科学的方式在运作，广告的成功已变成一种共识。对于按照其他方式运作的广告，广告主很快就会表示不满了。

可以经受考验的广告人则欢迎这些改变。看到广告安全可靠地运作，广告主的数量便会成倍增加。靠猜测做小额投资的广告主，将会为确定的回报投入大额资金。当赌博的因素被消除时，我们的广告业务将更加精细、更加明晰。当我们受到的评价基于自身的能力时，我们会为此感到骄傲。

PART TWO

广告生涯

第一章
早年受到的影响

对我职业生涯影响最大的事发生在我出生的前一年。我的父亲选择了我的苏格兰母亲。她高度凝聚了那个民族的特质——节俭谨慎、智力超群、志向远大、精力充沛。他们都说男孩会从母亲那里获得大部分品质。显然，我从母亲那儿继承了明显的谨慎品质。很多比我经验丰富的广告人和生意人都因缺乏这种品质而栽了跟头。

在本书中，我将一再强调这个事实。我在这里强调一下是为了向我谨慎性格的本源致敬。"安全第一"一直是我的指路明灯。一位苏格兰母亲是期望在广告行业有非凡成就的男孩子的最大财富。对他来说，节俭和谨慎完全出自本能。它们都是基本的品质。如果不出意外，那么成功是离不开这些品质的。不过，这些品质的缺乏，或许可以通过学习和培养得到部分纠正。

依我看来，做买卖栽了跟头，多数是因为急于求成。要么是鲁莽投机，可商机捉摸不定；要么是贸然行动，却嘲笑别人因循守旧；要么是害怕竞争对手走得更远或飞得更高，而在无路之处乱冲乱撞。

商业上有例外，可广告行业内没有例外。所有广告行业的惨败都是鲁莽造成的，没有必要，也不可原谅。我并非指广告推广的失败。这一行业中的所有人都在尝试可望而不可即的事情，因为我们在跟人性打交道，欲望、偏见和癖好，我们都很难把握。甚至在大多数情况下，我们都没有多少经验正确引导自己。每项广告风险投资的结果都没办法预知。

一般的失败并不算什么，那都在预料之中。每项广告风险投资在初始阶段仅仅是感知公众的脉搏。如果公众没有反应，那么问题通常在于产品本身或外在条件不可控。如果业务开展正常，那么即便产生损失，对企业来说也是微不足道的。想法和创意若没开花结果，那纯属偶然。

我指的是灾难，是疯狂投机后的惨败。我的意思是，广告人作为昂贵轮船的掌舵人，却导致其触礁。那些人很少还能东山再起。这证明鲁莽的掌舵人永远令人担忧。我见过行内许多很有前途的人，就因为他们冒险在一些未知航线上张帆前行，最终连自己也搭进去了。据我所知，没有一个人重整旗鼓。多亏了我的苏格兰血统，我得以在35年间远离这些灾难。

由于母亲的影响，我把1美分看得跟1美元一样重要，不仅对个人的钱，对其他人的钱也是如此。不管是作为钱的所有人还是受托人，我花钱时都会小心谨慎。不管是为自己做事还是为他人做事，我向来不拿大笔钱去冒险。所以，虽然我经常失败，但遭受的打击却并不严重。显而易见的灾难通常会导致不被信任，我却侥幸逃脱了这种困境。失败的时候，我损失的钱不多，客户对我的信任丝毫未变；成功的时候，我经常为客户带来大笔收益，为自己赢得了声望。这一切主要归功于我的母亲。

我自母亲那儿获益不少。在她身上，我学到了勤奋。我依稀记得，母亲不管是晚上还是白天都在工作。她从大学毕业时聪慧极了。有一段时间，作为一个寡妇，她不得不通过教学来供养她的孩子，放学后还要操持家务。晚上，她还要编写一些幼儿读物。放假了，她在不同的学校间奔走，以推销她编写的书。她做着三四个人的工作，从事着三四种职业。

在她的引导和激励下，我也从小就这样做。我从9岁开始就养活自己了。其他孩子上学，只需完成学校的功课，那对我来说是小事一桩。每天上学前，我都要去两间教室生火，之后把座位擦干净。放学之后，我还要打扫教室，之后在晚饭前将《底特律晚报》投递到65个院落。

周六，我要把两间教室擦洗一遍，还要分发小广告。周日，我会到教堂去看门，从早上一直到晚上10点。长假期间，我就去农场做工，每天都要工作16个小时。

我生病了，医生不让我去上学时，我就到雪松沼泽森林去干活儿。在那个地方，每天凌晨4点半就要干活儿了。早饭之前，我要挤牛奶、喂牛。6点半，我便带着午饭到沼泽森林，在那里砍树做枕木，一忙就是一整天。晚饭之后，我还要再挤一次牛奶，然后将牛圈起来过夜。21点，我爬梯子上阁楼，上床睡觉。然而，我从未觉得辛苦。

在之后的日子里，我刻苦努力，工作起来夜以继日。对我来说，如果哪天能在午夜前休息，那一天就是节日。我经常到凌晨两点钟才走出办公室。周日是我最喜欢的工作日，因为在那天没有会打断我工作。入行后的16年，我很少有一个晚上或周末不被工作占用。

我并不建议大家以我为榜样，也不建议儿子像我这样做。生活中有很多事情比成功更重要，适度工作可能会带来更多的快乐。不过，要想比别人多做一倍的工作就必然要花费两倍的时间，尤其在广告这个行业里。

大家不得不承认，人的大脑确实有一些差异，但更为重要的差异却在于付出努力的多少。工作时长是他人两三倍的人，其收获也是他人的两三倍。他会犯更多的错误，获得更多的成功，两者都会给他以收获。如果说我在广告方面比其他人成就高或成就更多，其实并非是因为我能力出众，而是因为我工作的时间长。也就是说，一个人牺牲了生命中的其他一切，来使自己在一个行业里出类拔萃。这意味着这个人或许是可怜的，而并非令人羡慕。

有一次，我在演讲中说我估计自己已经在广告业混了70年，其实日历上的时间只有35年。但是，用普通工作时间和完成的工作量来衡量，我一年的时间完成了两年的工作。节俭和谨慎让我免于灾难，勤奋和努力教我如何做广告，这一切成就了我。

我从父亲那里获得了贫穷，这是另一种福分。父亲是牧师的儿子，他祖上好多代都是牧师，都是在贫穷中学习成长的，所以他对贫穷习以为常。

我非常感谢贫穷，因为它把我带到了普通人之中，而上帝造出的大多是普通人。我对他们了如指掌，了解他们的欲望和冲动、勤奋和算计、简单和淳朴。那些我所熟悉的普通人正是我未来的客户。当我跟他们交谈时，不管是书面交流还是面对面对话，他们都会觉得我们是一路人。

我确定我并不能给富人留下深刻的印象，因为我不了解他们。我从来没尝试过向富人推销他们想买的东西。如果我尝试去为劳斯莱斯、蒂芙尼或斯坦威钢琴做广告营销，我确信自己会失败。我搞不懂有钱人的想法，但我确实了解普通人。我喜欢跟干体力活儿的人交谈，喜欢研究数钱过日子的家庭主妇，还能赢得贫困孩子们的信任，了解他们的梦想。只要是推销他们想要的东西，我就一定能触动他们的心弦。我的广告用词会很简单，句子会很简短。有学问的人会嘲笑我的风格，富有、傲慢的人会嘲笑我眼中的产品卖点。但数以百万计的普通家庭里的普通人会阅读我的广告并购买产品。他们会觉得广告制作者了解他们，而我们产品顾客的95%都是由他们构成的。

贫穷教会了我许多推销经验。如果不是因为贫穷，我永远不会挨家挨户去招揽生意。在这种情况下，我搞懂了许多关于人们花钱时的本性的知识。到处兜售是最棒的学习途径。我们这个国度诞生的那位最伟大的广告人，他在进行广告营销之前总是要先面对面去推销产品。我得知，他会花费好几周的时间奔走于农场之间，去了解农民们的观点；我还了解到，他为了了解家庭主妇的视角按响了千家万户的门铃。

　　由于贫穷，我从未上过大学。我花费那4年的时间来获取实践经验，而不是在学校里纸上谈兵。据我所知，广告人在大学里学不到什么有价值的东西，在脚踏实地工作起来之前他需要忘记学校里教授的许多东西。据我看来，对于一生的工作就是引起普通民众共鸣的人来说，高等教育反而是一种障碍。

　　当然，我上学期间还没有开设广告相关课程，也没有推销或新闻写作课程。我觉得，现在没有这些课程会更好。我上了这样一些课程，它们简直是误人子弟，不切实际，让我气愤不已。曾经有个人拿他在一所著名技术学校的广告课程给我看，并问我如何改进它。在看完它之后，我说："烧掉它。你没有权利让年轻人把最令人羡慕的时间、最珍贵的年华花费在那些垃圾上。如果他花费4年的时间学习这些理论，就还得花费十几年的时间忘掉它们。那样的话，他将在职场竞争中落后于人，而且永远不要指望赶上。"

　　正如我所说的，当时我被激怒了，已经气愤到了极点。我留给他不好的印象。但请告诉我，那些常年生活在高校里的大学教授，真的适合教授广告或其他这样的实践课程吗？那些东西源于商业实战，无法从别处学到。关于这个问题，我已经和数以百计的人探讨过。我见过有些人由于缺乏教育，就莫名地对受过良好教育的人施加光环。我去过大学，进过课堂，听过他们讲课。我心怀尊重而去，因为我来自一个大学家庭。我出生在大学校园里,父母都是大学毕业生,我的祖父还是一所大学的创建人之一,我的姐妹和女儿也都接受过大学教育。

我权衡再三,尽量写得中肯一些。我见过无数的大学毕业生。我担任主管的广告公司,也聘用大学毕业生,甚至有些就在办公室打杂。我的许多客户都采用了相同的招聘政策,除了大学毕业生不再雇用其他人。他们的全部想法是雇用拥有专业技能的人才,因为他们敏锐地感觉到自己就缺乏这种专业的培训。然而,我印象中没有哪个大学毕业生曾在公司里有过突出的贡献,而那些把大学时光用于实践工作的人反而有一种压倒性的优势。就广告业而言,花费一周时间与农场的老乡聊一聊要比在任何课堂上学习一年收获更多。

感谢威尔·卡尔顿,由于他的影响,我没有走牧师那条路。我原本注定要做一名牧师:我家祖祖辈辈都是牧师,就连我的名字都选自牧师的名人录。在我的家人看来,我的职业生涯毫无疑问是在神职岗位。

不过,他们对我的培养有些过度了。我的祖父是原教浸信会的教徒,我的母亲是苏格兰长老会的成员。他们一起用宗教来熏陶我,让我感觉透不过气来。周日,我被迫参加五场宗教聚会。到晚上,我听着沉闷的布道就想睡觉,他们不得不通过掐我让我保持清醒。周日是个灰暗的日子,我不能随意外出,只能读《圣经》和《〈圣经〉用语索引》。我花了好几天时间数《圣经》中的字母和单词,看它是否与索引中的一致。我还要读《天路历程》,那显然不是小孩子会关心的道路指引。

我生活中的每一种乐趣似乎都成为一种罪过。他们教导我说，一个人跳跳舞、打打牌或看看戏剧，就算与魔鬼为伍。而且，阅读的书籍如若不是主日学校派发的，将来就要下地狱。

威尔·卡尔顿是我父亲在大学时的同班同学。他创作了《翻山越岭来到济贫院》等好几首有名的歌谣。为了纪念他，密歇根州最近决定，每年10月23日他生日那天，在学校里举办一些纪念活动。他成了我年轻时的偶像。

在我9岁或10岁时，威尔·卡尔顿正到处演讲。他来我们的城市时，在我家待过一段时间，他觉得我们家浓烈的宗教氛围不利于孩子的成长。在那次访问之后，他把那段经历写成了歌谣，发表在他的《城市歌谣集》中，名叫《他的心灵无法安放》。歌谣讲述了一个年轻罪犯在入狱途中给警长讲的故事。故事发生在一个遵循宗教狂热主义的苏格兰长老会家庭中，那个年轻人因压抑而被迫走上了犯罪的道路。威尔·卡尔顿那首歌谣中的宗教悲剧的受害者便是以我为原型，他还寄给我一份。

那首歌谣对我职业生涯的影响比整个家庭对我的教育更加深远。我非常崇拜威尔·卡尔顿。我想长大后成为像他那样有名的人。他对我的家庭生活的看法跟我一样。当这样的人跟我看法一致时，我的看法就变得重要了。在此之后，威尔·卡尔顿就成为我的指路明灯。他对宗教狂热主义的态度让我开始认识到生活的另外一面。

我继续接受传道。17岁那年，我成为一个传教士。18岁那年，我在芝加哥传道。但由于威尔·卡尔顿的启发，我最终决定结束宗教生涯。

另有一件事，也对我的人生产生了深远的影响。一次，我与姐姐都病倒了，母亲始终照顾我俩。在我们养病期间，她给我们读了《汤姆叔叔的小屋》这本书。后来听说这部戏要在镇上演出，我就想方设法找了些派发广告的活儿，挣钱买了票。跟母亲沟通了很长时间，她才允许我们去观看。

离演出还有一周时，我感觉时间过得相当缓慢，几乎停滞不前。演出那天，我凌晨4点就起床了，当天的时间过得慢极了，似乎没有尽头。晚上7点，我跟姐姐着实等不了了，便催着母亲跟我们一起出发去市政厅了。

在半路上，我们遇到了一个长老会的牧师。他是个早已忘记大好青春的单身汉，孩子们全都不自觉地绕开他走。因此，当看到他走过来的时候，我出现了一种不祥的预感。

他走到我们面前，说："姐妹，你好啊。你们是出来散步的吧。看到你们一家和和睦睦的样子，我由衷地感到高兴。"

母亲回应说："是的，兄弟。我们是来散步的。不过，我们不光散步，我还要跟你坦白一件事。前段时间这俩孩子生病了，养病期间我给他们读了《汤姆叔叔的小屋》，他们很喜欢那个故事。今晚，这部戏要在镇上上演，我的儿子挣钱买了票，我同意带着他们去观看。那本书确实对他们有好处，这部戏也应该不错。"

单身汉牧师说："姐妹，我清楚你的意思，也明白你的想法。那本书确实对孩子们挺好，但你也要记得，孩子们终有一天会离你而去。他们会看到魔鬼剧院的灯光，它会招引他们而去。面对种种诱惑，他们会如何想呢？他们会不会想，反正妈妈都带他们看过戏了，还犹豫什么呢？"

母亲回答道："你说得对，我不能给他们树立坏榜样。"她转过头就带着我俩回家了。母亲的形象瞬间在我心中暗淡了，从此我不再对母亲那么敬重了。

对我的成长影响巨大的，还有一个人。他是某铁路段的一个工头，每天能挣1.6美元，而他手下有几个每天挣1.25美元的工人。

到六七岁的时候，我身边都是些贪玩的大学生。尽管我对大学生活严肃的一面一无所知，但我却看到了整个大学里所有的恶作剧。因此，我有一个相当坚定的看法，即人生就是一场游戏。

某铁路段的这个工头彻底改变了我的这个看法。给我留下深刻印象的是，他和他的手下对待工作的迥异态度。他的手下为了生存而干活儿，能偷懒就偷懒，而且还计算着收工的时间。每到周六晚上，他们就会到城里将一周所赚的钱挥霍一空。

那个工头工作起来热情满满。他说："伙计们，让我们今天就把这些枕木铺好吧！让我们把这一段铁轨搞定！"大家勉为其难地干起来，似乎工作成了一种烦恼，而工头干起活儿来就像在参加一场比赛。

那天他在铁路上工作了十几个小时，晚上回到家还在忙。他在自家周围种了一片花园。后来，他娶了当地最漂亮的姑娘，过上了幸福的生活。最后，他被调到了更高的职位。从他那里，我学到了很多道理。

"看看那些孩子打球。"他说，"那就像我所说的努力工作。给屋顶铺瓦的时候，我就和时间赛跑。为了显示我的本领，必须在日落前完成我的工作。这就是我的乐趣。"

"看看那些削木头的家伙，他们边聊铁路边谈政治。关于铁路，他们就知道怎么钉轨道钉。他们永远只会这么做，而不会做其他更多的事。看看我，在他们闲逛的那个晚上，我在自家屋前建起了一道门廊。很快我就会舒服地坐在那个地方，跟我漂亮的妻子表达爱意。而他们，永远都坐在围着杂货摊炉子的那些肥皂箱子上。你说哪个是工作，哪个是玩呢？"

"如果做一件事有意义，我们就称它为工作；如果没有意义，我们就称它为玩。事实上，什么事儿做好了都不容易，两者都像比赛，都存在竞争。要想高人一等都要兢兢业业。我觉得，两者的区别便在于人们对待它们的心态。"

我永远都不会忘记跟他的这一番交谈。他对我之影响恰如詹姆士·卢西对卡尔文·库利奇之影响。此刻，我就可以借用库利奇说过的一句话，对他说："没有你就没有我的今天。"

后来，我担任了美国志愿军的负责人，在此期间我调查研究了那些生活窘迫的人，包括施粥站点的流浪者，还有在押或假释的罪犯。他们最大的问题并非懒惰，而是太喜欢玩，或者干脆说对待玩有错误的观念。他们中多数曾在年轻时争分夺秒地奋斗过，可这些人做的是投球，那些人做的是种庄稼；这些人口袋里装的是球，那些人装的是订单；这些人的本垒打被粉笔记录下来，那些人的名字则被永远铭刻于石碑。人和人之间的差别就在于他们对生活乐趣的不同看法。

如其他人逐渐喜欢上打高尔夫球一样，我渐渐热爱起工作来。直到现在，我仍然热爱自己的工作。我经常婉拒他人打牌、吃饭和跳舞的邀请，只是为了在办公室加班。家里人在乡间别墅举办周末聚会时，我会偷偷离开，只为在打字机前工作几个小时。

对游戏的热情是可以培养的，对工作的热情也是如此。工作和游戏两个词可以替换使用。别人称为工作的，我称为游戏，反过来也一样。我们最喜欢什么就能把什么做到最好。如果某人最喜欢追逐马球，那他多半能把马球打得高人一等；如果某人最喜欢下棋或最喜欢打棒球，那他都会在相应领域出类拔萃。由此可见，将自己一生的事业看成最吸引人的游戏，对年轻人来说十分重要。我们也应该如是想。给赛事中胜者的喝彩声转瞬即逝，而给成功的喝彩声将响彻一生。

第二章
广告与营销的经验

　　我的父亲曾在一个繁荣的城市经营一家报社。那里的居民手头富裕，所以广告主们蜂拥而至。如今想起那时的广告觉得很好笑，但我们当初不也觉得蓬蓬裙好笑吗？

　　广告费的大部分都采用实物支付。我们家成了一个仓库，塞满了各类广告商品。在我记忆中有一段时间，我们家里放置着6架钢琴和6台缝纫机。

　　我的父亲曾刊载过一种称为苦味醋的药物广告。后来，我了解了它的由来。当时酿醋厂不知在酿醋过程中的哪个环节出了问题，把一批醋酿坏了，于是便生产出一种有刺激性气味的怪东西。那时候，人们认为良药苦口。市面上曾出现过几种人畜通用的药膏，用了会让人和动物发狂。我们自己还用过"蛇油"以及"臭鼬油"，大概是因为它们名字够难听。药物的名称一定要比病听上去更可怕，大家才会认为它们有效果。

　　因此，我们家有各种各样的苦味药剂，其中苦味醋最难以下咽，却因此最受欢迎。我的父亲收回了数十瓶这种难喝的玩意儿，都是用来支付广告费的。人们来我家买走了钢琴、风琴和缝纫机，却没有一个买那些药物，于是我家的苦味醋便越积越多。

我的母亲是苏格兰人，最讨厌浪费。她下定决心要把那些药物用掉。我自然而然就成了倒霉蛋，因为我是家里面最爱生病的。每天早中晚，我要被灌三次苦味醋。如果那家生产苦味醋的厂家还在的话，那么我可以做证，自那以后我从没生过病。

我父亲的报社不光印报纸，还印各类广告宣传单。我曾深入研究过广告宣传单，偶尔我也自己排版印一些。接着，我就去找广告主，把发传单的活儿接过来。城镇里有1000来户，我发一张传单就能收到2美元。这就意味着我要跑出35英里①。其他的孩子发一张传单收到1.5美元，但他们会每户多发几张，而且不去离得远的人家。我要求广告主对比一下最终的效果，不久这个工作就完全由我一人负责了。

那是我初次追踪广告的效果。这次经历让我确信，广告营销第一要对目标收益做到心中有数；第二要对收益进行分析比较。从那时起，我就一直侧重于这两点。唯有如此，真正的广告服务才能显示出优势，盲目行动是愚蠢的行为。

在我10岁那年，我的父亲去世了，我的母亲成了寡妇。从此，我必须自己养活自己，还得贴补家用。我做过很多种工作，

---

① 1 英里 =1.6093 千米。

但真正重要的是那些对我未来职业生涯有影响的工作。

我的母亲调制了一种银器擦亮剂。我将它做成蛋糕的样子，包上漂亮的纸张，便到各家各户去兜售。我发现，只站在人家门口推销，每10个家庭主妇中只有一个会买。假如能在对方的餐具间演示一下，几乎所有人都会掏腰包。

这件事带给我的一些基本经验让我久久不能忘怀。好的产品本身就是推销员，而不提供样品的销售，不管做书面广告还是面对面推销，都难上加难。

我职业生涯中最难的工作就是让广告主使用样品或以某种方式提供试用机会。他们根本想象不到推销员不带样品就去推销产品的尴尬，可是他们投了大笔的广告费，就是要消费者在不见样品、不试用的情况下买他们的产品。他们中有些人说样品的成本太高，有些人料想消费者会重复索取样品。事实上，仅仅靠嘴巴推销的成本才更高。

我希望那些不相信样品效用的广告主用一用我卖银器擦亮剂的方法，我从中获取的经验已经成功地帮很多广告主节省了大笔的钱。只需尝试一下我的方法，他们立刻就会明白，不提供样品的推销难度要比提供样品大太多了。

这种方法也是我跟街头卖假货的小贩们学的。他们借着手电筒的光在那里做生意，我就站在一旁，一听就是好几个小时。现在我才意识到，他们的手段和销售原理对我产生了潜移默化的影响。他们卖货都会给人们先演示几次。他们有通过某种"神奇"的方式展示所卖东西的功能。跟他们比起来，许多广告主的推销技巧真是太逊色了，简直不可思议。

我们在后面还会谈及这一点。这个问题是我打心眼儿里想告诉大家的。在这里稍微说一点儿是因为我想告诉大家，我就是这样学会了优惠券营销的基本原理。在那之后，我通过杂志和报纸派发了1亿多张优惠券，有些提供产品小样，有些可以拿着到店里免费领取一件正品。我的名字便成为此种营销方式的代名词。任何产品我都会提供试用，这让我在广告界变得很有名。这确实是一种简单而自然的推销方式。推销员应该怎么做呢？走街的卖货郎怎么做，街头卖假货的小贩怎么做，我们就怎么做。除非将广告营销看成一个充满魔法的童话世界，不然，要想卖出货物，就得提供样品。

我的另一种赚钱之法便是卖书。销售图书的利润高达100%，其行业前景是相当诱人的。某一天，我见大侦探艾伦·平克顿出了自传。毫无疑问，艾伦·平克顿是当时所有男孩心目中的英雄。我说服母亲将我们那点儿钱拿出来投资，买了艾伦·平克顿的书。

书到货时的情景还历历在目。我将书摆在地板上，心中确信所有人都会期待阅读这本书。我迫不及待地想跑出门去把书卖给大家。

母亲说："先将书卖给有影响力的人，他们会引来其他的顾客。"于是，当天上午，我在莱西格市长离家之前找到了他。他热情地接待了我。因为我的母亲是个寡妇，所以我赚钱的努力获得了所有热心人的热情帮助。从那时起，我就明白人们都愿意帮助

年轻人。成功人士期待看到别人也成功；勤奋之人希望看到别人
也勤奋。我便是这样的人。如今，来拜访我的年轻人无数，不论
男女，只要他们发愤图强，就都会受到我的欢迎。那些"啃爹"
的、衣来伸手饭来张口的小子，总会让我觉得讨厌。其实在某种
程度上，女孩子们也应该勤奋。如果要求男女平等，那么两者付
出的努力也应该平等。无论是男是女，都要证明其活着的意义。
由于境遇不佳，有些人也许并不能自力更生，但他们仍应该全力
以赴。我憎恶那些不劳而获的人。我也深信由于受到我的影响，
很多青年男女更加幸福地走上了奋斗之路。

我如今终于明白为什么那天上午莱西格先生对我那么热情有
礼，因为我是一个努力向上的城中孩子。现在，不管多忙，我都
不会谢绝勤奋的男孩或女孩。在他们身上我花费了许多珍贵的时
间，我资助过他们，给他们提过建议。我最欣赏的品质就是自力
更生。

可是，那天上午我却碰了一鼻子灰。作为一个虔诚的教徒，
莱西格先生有些颇为苛刻的思想。他认为，在文雅的社会里一名
跟罪犯打交道的侦探是没什么地位的。他这个年龄已经不再崇拜
英雄了。

开始时，他耐心地听我说，可我刚把书拿出来，他瞥了一眼
就把书扔到我胸前。他说："我欢迎你的到来，但不欢迎这本书。
要么你走，要么书走。你在这儿待多久都可以，但你的书要待在
外面。我认为艾伦·平克顿的书跟我的信仰犯冲。"这次经历给了
我一个启示。自此，我发现相同的事情到处都是，稀松平常。

跟我讨论过他们看中的项目的有100多人。一些董事会的成员往往一本正经地认为自己的想法代表了全世界。我建议他们去做做调查，去弄明白公众的需求。我奉劝他们千万不要按照个人的想法猜度他人。有些人听了我的话，结果财源广进；而有些人则对我的建议嗤之以鼻。偶尔，那些偏偏要以己度人的家伙确实成功了，但十有八九还是失败的。让几个董事会的老家伙来确定家庭主妇的需求，这是最荒唐的事。

我前面提到的事还没有说完，机遇最终还是让我赶上了。我出了市长的宅邸，垂头丧气地回到家。说实话，我压根儿没想到竟有人对我所钟爱的侦探小说有那样的看法。

母亲鼓励我说："去找做买卖的人，找大商店试一下，看看他们怎么说。"我便去了。一位经理买了一本，接着他又带着我去了他的办公室，帮我卖出了6本。到最后，我把艾伦·平克顿的书销售一空。

我学到的另一个经验：永远不要依据个人喜好对他人进行判断。我们想要的或喜欢的东西或许只有一小部分人认同。在广告行业中，那些因依据个人喜好贸然行动而导致的损失，完全可以偿还我们的国债。我们生活在一个民主国家，人们对每条法令都存在不同的见解，对每一种偏好或需求也都如此。唯有那些头脑僵化的人才会固执己见，草率行事。做广告与做其他事一样，一定要得到舆论的认同。

你发现了吧，这便是本书的思想核心。假如我有一艘远洋游轮，你觉得我会不带上航海图或指南针就冒险出海吗？如果不具备这些，我便会全程使用回声探测器。

物以类聚，人以群分，我们都会受周围环境的影响，就像有前途的人互相交往，有喜好相同的人聚在一起。我们的地位越高，离大众就越远。如此下去，在广告行业内行不通。

我亲眼看到成百上千的无用尝试和失败项目，恰恰就因为少数几个固执己见的人以个人想法衡量大众的想法。其中的一些项目，我也参与过，但都是出于业务上的必要安排。我们很难将别人说服，因为每个人的视野都是有限的，不管正确与否，我们的判断都受其影响。我但求尽责，或给他们指出正确的航道，或给他们指明暗礁的位置，以尽量减轻他们付出的代价。

在这里，请让我说句题外话：成功之路穿梭于普通百姓之间，他们才是消费的主体。只有了解普通百姓并植根其中，才能赢得成功的青睐。

我所认识的那些广告行业内最优秀的成功人士，都是没多少文化的人。有两个已经成了广告代理公司的老板。其中一个靠做广告发了大财，但他连自己的名字都不会写。不过，他了解百姓的想法，而普通百姓也愿意听他的话。另外一个写的文案能让农户把粮仓抵押了贷款求购。可是，他写的每一句话都存在语法问题。

现如今，许许多多的大学毕业生都来我们这行求职，他们挂在嘴边的话就是"我们受过良好的教育，写出的文案文采非凡"。我对他们说，这两点恰恰是他们的阻碍。广大的两性受众欣赏不了他们的所谓文采。即便能欣赏，也会觉得担心，担心掏腰包是因为受人摆布。风格独特会引人生疑，摆明的营销会导致逆反心理，貌似上层社会的呼吁会引人憎恶，颐指气使会让我们所有人感到厌恶。

能够感知大众心声的人才是广告行业一直在搜寻的人才。我们从不询问他们的教育背景和文凭。这两方面的缺陷弥补起来颇为容易。他只需证明自己深谙人性，我们便会热烈欢迎。

接下来让我再举两三个例子。某天，我接到一封信，寄信人显然是不留神把信寄给我的。在信中他写道："现成的肉馅有很大的市场需求，而我就是制作馅饼的。我给自己的馅饼取名为'布朗大妈肉馅饼'，因为大家都喜欢家的味道。我的馅饼市场需求量很大，我觉得更大的潜在市场亟待开发。我需要一些资金来扩大业务。"

在那个人身上，我发现了一种自然的本能。吸引我的是他对人性鲜有的洞察力，而不是他的肉馅饼。我派了个人进行调查，发现写信人是个一星期才赚8美元的、一家简陋饭馆的夜班厨师。我请他进了我的办公室，每周向他提供25美元用以学习广告。他遵循了我的建议，现在已经成了本国广告业界的精英。还有一个人，他是从威斯康星州的马尼托瓦克镇来芝加哥的。在一家名叫"汤普森"的饭店吃早饭时，一道被称为烤苹果的菜品勾起了他的思乡之情。他心想："像我一样从乡村来芝加哥的人成千上万，占城中人口的三分之二。我应该向他们推荐这家饭店的烤苹果。"

他撰写了一份烤苹果广告的草稿，并把它交给了饭店的老板约翰·R·汤普森先生。汤普森先生同意刊登广告，随之饭店的顾客马上多了起来。一场广告营销活动由此开始，来"汤普森"吃饭的人源源不断，饭店老板一时间财源滚滚。

许多年轻人和初学者觉得前辈看不起他们。我的经验是，商场之上全看能力。大家都在抱怨找不到能干的人。我们懂得越多就越明白需要做的工作量太大了。无论哪一行，真正有能力的人少之又少，大家都在找人分担和帮忙。凡目睹这种现实的人都期待找到同道中人。

"汤普森"的首个广告在周日上午发布。当时，我是某大型广告代理公司编辑部的主管。那时候，公司正在寻找新人。当天上午我就找到了那个广告的撰稿人，将他邀请到了我下榻的饭店。我为他开出7500美元的年薪，邀他来我们公司工作。

他在威斯康星州的一个小镇上班，我当时开的价比他挣的5倍还多，因为我发现他是少有的像我一样熟悉人性的人。

他拒绝了我的邀请，因为他在自己撰写的第一条广告中看到了独立成功的机遇。顺着这个想法，他再接再厉，赢得了成功。他向来自乡村的孩子们展示了他们熟悉的家乡美味：炸面包圈、馅饼、正宗土鸡蛋和自制黄油。如此一来，他便为今后广告职业生涯的成功打下了很好的基础。

来自锡拉丘兹的菲利普·伦男也是如此。他在来公司之前曾在"皇家制衣"收获一些经验。"皇家制衣"面向小镇年轻人销售定制的衣服。伦男如是想：芝加哥有大批乡村人口，他记得多年前在自己的老家，人们都喜欢到"特型服装店"买衣服，因为这个名称意味着现量现做，可以买到合身的衣服。于是，他成功地将芝加哥的顾客吸引到自己的服装店，前来光顾的人成千上万。我派给他一个职位，比他当时的薪水高2倍，因为他明白人们真正想要的是什么。

查尔斯·米尔斯同样如此，他之前曾为温顿汽车做广告。他是我遇到的一个最了解人性的人。我请他来我们公司做广告代理，给他开出了25000美元的年薪。我说："你是一个罕见的天生就会做广告的人，能让大家自然而然地产生共鸣。我们需要你这样的人才，我们苦苦追寻的就是人的本性。"

我极力要说清楚的是，好广告是多么平凡而通俗，而大众对其是多么重要。语言技巧和表达能力是大多数业内新人赖以生存的本事。还有一些人，凭借稀奇古怪的东西引人注意。他们都在自我抬高，往往招人厌恶。我所认识的那些业内真正的人才全都谦虚谨慎，他们来自底层，了解大众的需求。

一般的民众做事小心谨慎，勤俭节约，不容易偏听偏信。在平时买东西时，他们不容易受骗。那些受过良好教育、在其他环境中成长的人，很难理解他们。

时至今日，我们看到大企业的老板都是从底层一步步爬上来的，他们自己带领和管理的各个岗位上的同事都清楚得很。相对于其他行业，这种经历在广告行业显得尤为重要。以上我所举的例子中提到的在底层锻炼的经历，不管是做广告还是从政经商，都有必要具备。

第三章
职业生涯伊始

在高中毕业之前，成为一名神职人员一直是我的理想。在研读《圣经》上，我下了苦功。那时候，我们家最常玩的游戏便是背《圣经》里的诗文。我们围坐一圈，一轮轮地挨个背，就像玩拼词那样，直到淘汰得剩下最后一个人。始终留到最后的那个人就是我。我遇到的所有人都没有我会背的诗句多。

在背诵《圣经》诗文方面，经常到我家做客的牧师也不是我的对手，我会背的诗句是他的好多倍。7岁那年，我开始创作布道词，之后便在父亲的印制间将稿件排印好。我会在大家聚集祷告时进行简短的布道，因此大伙儿都以为我会成为圣坛上的演说家。我还是学校致毕业词的班级学生代表。我的毕业论文写的是对"野心勃勃"的看法。我在论文中反对对功名利禄的追求，提倡一种清贫和奉献的人生态度，这些我仍然记得。

那年夏天的每个周日，我都在那个我任教的乡村学校传道。那里离我家有12英里，我是提着行李走去的。整个学校理事会连个会读写的人都没有。理事长凭借客厅角落里的一大桶威士忌赢得了大家的拥戴，他同时还是社区的领导。那桶威士忌是密歇根湖里漂上来的，来自一次翻船事故。对于这桶酒，理事长很是慷慨，因此他家变成社区的大本营。

理事长家的客厅里就有一个木炉和三个肥皂箱。我坐在肥皂箱上，用尽各种办法向这个大字不识一个的家伙表明我这个老师是合格的，最终靠读了个年鉴里的笑话赢得了他的信任。他的所有藏书仅有此本年鉴，而且还是在我读给他听之后，他才有所收获。在他那里，我获取了另外一种经验。跟我打交道的大多是十分单纯的人，不一定全是文盲，我喜欢他们，喜爱并了解他们的天性和本能的反应。

然后，就要解决报酬的问题。他们打算办两个月的暑期学习班。于是，我们便一起去找管钱的人。他们把本区的东西清点了一下，合计79.5美元，就把这些钱给我做报酬。

我找了一个农户，见他家有一架新的风琴，还有两个想学琴的女孩子。我提出教两个孩子学音乐，另外每周再支付1美元做租房的费用。那年夏天，我每月能攒下35美元。后来，正式参加工作之后，我要好久才能积攒这么多钱。

周一到周六我在那个社区教课，周日我在那里布道。在那个地方，我每天都对人们有新的认识。你会慢慢发现，这才是我所学到的最有价值的东西。

那年夏末，我去了一次芝加哥。当时母亲正在布莱顿公园探访米尔斯医生一家，我到那里和她会合。我到达的第二天是一个周日，下午的时候牧师来做客。那天他不太舒服，而且第二天还要出发去度过长假。他对我们说晚上他实在不想去布道，于是母亲建议让我晚上替他，毕竟我也学神学。

我意识到这是一个危机。我一直都在与母亲刻板的宗教观念渐行渐远。如果她了解我是怎么想的，那么是不会赞同我的。她是一个宗教激进主义者，相信人人都会受到魔鬼的诱惑，相信地狱之火，相信一切奇迹。

我一直在远离她的正统思想，但我没敢告诉她，因为那意味着让她最美好的幻想被打破。不过在暑假期间，我根据自己的宗教观念准备了一篇布道稿，它对我被禁止享受的那些无害的生活乐趣表示赞同，对地狱之火和生而有罪等我所知道的清规戒律表示反对。在文中，我甚至质疑"创世记"和"约拿与大鱼"两个故事。

我决定当晚就这么讲道，并承担一切后果。那一年，我18岁。从那时起，我就再也不敢面对这样的危机了。除非我选择了神职，否则我觉得自己再也不用听别人的话了。我到芝加哥来就是要决定我的人生道路，这是一次考验。

那天晚上在讲坛上的情景仍然是我最清晰的回忆之一。当时观众席里有800人，他们的平均年龄是我的2倍。但我似乎忽略了他们，脑子里仅有母亲一个听众。我知道坐在我身后的牧师是母亲的友人，他的正统思想跟母亲完全一致。所以，我觉得自己是一个罪不可恕的激进派。据我所知，从那以后我从没面对过如此一致的反对。那次布道我认为是自己生命中做过的最大胆的事。

随着布道的进行，我身后的牧师变得焦躁不安，可母亲的表情却很神秘。观众们看起来都震惊极了。在我结束布道时，牧师用颤抖的声音做了祝福。听众们一个个默默离去，没有任何一个男人或女人来跟我打招呼。之后我便明白，曾希望成为这些教徒的领路人的我，现在已经被他们放弃了。

母亲沉默着走回家，当晚没跟我说一句话。我知道，我已经把自己带到了岔路上。第二天，她让我陪她到市中心共进午餐。在迪尔伯恩街边的一张餐桌前，她说我已经不再是她的儿子了。没等她说完，我就起身上了大街。就是在那个地方，我永远地与我的牧师生涯告别了。

对我来说，母亲也再不是从前那个样子，她没办法原谅我犯的错。那天之后，我们很少见面。她亲眼看到我在其他行业获得成功，但从未跟我聊起。我打破了她的梦想。不过，如果广告业也像宗教一样让我感到压抑，我同样会选择放弃。事实上，我已经因类似的原因放弃过很多客户。我觉得人人都该这样做。无论什么行业，如果你不认同，觉得做起事来不快乐，那么你都很难获得成功。我觉得生意就是一种游戏，我把它当作游戏一样玩，这就是我直到现在仍然对工作如此投入的原因。

在那个重要的日子，我站在迪尔伯恩大街上，在口袋里只找到了3美元。我的其余积蓄都留在了密歇根州。当时，我想到了斯普林莱克，我的叔叔在那里有一片果园。那时正是水果成熟的时节，所以我决定到那里采摘水果。

我去了港口，发现有几艘从马斯基根方向开来的木材运送船。有艘船的船长带我去，但我要在厨舱里打下手。接下来，我就从马斯基根到了斯普林莱克。在那里，我跟叔叔和其他人谈好，我帮他们摘水果，他们每天付我1.25美元。这些收入加上教书得来的钱超过了100美元，可是去上商学院的课程需要200美元。

我的祖父在叔叔家里住，他很欣赏我的工作方式，叫我"坚持不懈先生"。我有个年龄和我差不多的堂弟，农场里就我们俩男孩。每天我都要工作16个小时，而我的堂弟总是干力所能及的活儿。所以，我的祖父决定支持我。他将100美元的棺材本儿都给了我，那是他全部的财产，条件是到时候让我承担他的丧礼费用。当然，我后来真就那么做了。

这是我职业生涯的另一个危机。我和堂弟都是年龄差不多的孙辈，到目前为止，至少在周围人看来，我们的能力毫无差别。我是个叛教的人，要被迫面对很多非难。可是我得到了100美元，工作勤奋努力。另一个男孩却什么也没有，还不喜欢工作。因此，我成为那个获得帮助改变人生道路的人，而那个男孩后来做了火车机车消防员。在人生的许多关键点，我见过很多这样的事情。勤奋节俭的人会得到机遇的青睐，而往往这种青睐就成了生命中最重要的机遇。

带着200美元，我去了大急流城，进了斯温斯伯勒商学院。这是一所荒唐的学院。"教授"斯温斯伯勒花体字写得不错，而且就凭借这一点，他当上了商学院的老师，但他没教我们任何东西。在我们看来，他对整个商业概念的理解就是字写得好坏。我们与其跟他学，还不如花6个月时间去学几门已经消亡的外语。毕业之后，我们本应成为出纳员，可我们学到的记账法就是写花体字。

真正的老师是一个叫韦尔顿的人，我们称他为韦尔顿"教授"。直到去世时，他还是个看门人。他的教学理念就是嘲笑男女学生，让我们感觉自己无足轻重。他的话总带着讽刺意味，而他最喜欢的虐人方式就是让我们拼写没人能拼出来的词语，以此表明我们是多么不可救药。记得在一堂课上，他让我们拼的词里有个"charavari"，没人会拼。然后，他就让我们查词典，第二天早上再回答。然而，他心知肚明，没人能查得到它。我们连前3个字母都拼不对，这便让他逮到机会说我们胸无点墨。

斯温斯伯勒"教授"给我们上了一节早课，他的目的似乎就是让我们学会谦卑。对打算在高脚凳上终老的会计员来说，谦卑或许是一种很好的品质。我也倾向于这么认为。他的谦卑课程还包括向我们保证，我们的课程结课时会有每周4.5美元的会计工作等着我们。他既不开导学生，也不鼓励学生，只是高高在上地嘲笑和讽刺我们这些学生。不过我想，他还是合理地评价了我们。支付更多报酬（超过每周4.5美元）给斯温斯伯勒的毕业生，确实是给得太多。

我快要结束课程时，也快身无分文了。我开始考虑重回农场。接下来的一天早上，斯温斯伯勒"教授"来上课时带来一张明信片，并将它作为本节课的主题。他说："我总跟你们说，每周4.5美元的工作正向你们招手。现在我有了确实的证明。寄来了一张明信片，而不是信件，这就节省了邮资。这是大急流城的一个商人写给我的，他说有一个每周4.5美元的会计工作，让我给他送去一个候选人。大家都先别急着申请，你们中间谁想要这个工作就在下课后去我的办公室，我会告诉他名字和地址。"

其他的人都笑了起来，觉得这又是一个讥讽我们一文不值的新笑话。可是，我却走近了门口。等"教授"讲完课下楼时，我紧随其后。

他给我一封写给E·G·斯塔德利的信，接着我就去拜访了那个人。他对大急流城的毛毡靴公司产生了投资兴趣。他那个原来的小会计已经晋升为主管，因而公司想找个人填补他的位置。如果那个主管觉得我合格，我就可以获得这个职位。

我找到那个主管并成功获得这份工作。记账是我工作的一小部分内容，我主要负责的是扫地擦窗户，还有跑跑腿儿。这份工作的主要要求就是不准穿外套。因为这个主管是个亲民的主儿，不希望他的属下穿着花哨，所以无论在办公室工作还是去市中心办事，我总是套着一件衬衫。我有资格获得那个职位，是因为我恰好剩下俩衬衫。

接下来，问题就是每周4.5美元该怎么生活了。我找了一个小房间，住在一个希望家里有个男丁的寡妇家里。这个地方每周要花费我1美元。在杂货店楼上的一个小饭店里，一个邋遢厨子提供脏兮兮的饭菜，伙食费为每周2.5美元。这超出了我的承受能力，因为我不得不考虑为洗衣服备点儿钱。因此，我就安排厨子一周少送两顿饭，如此我只需交2.25美元。

我是个年轻人，活动量大，却饥肠辘辘。一直以来，最困扰我的问题就是不吃哪顿饭。我尝试过不吃早饭，结果一个早上都饿得要死。我也尝试过不吃午饭，结果会影响我的整个下午。唯一的办法就是晚上迅速闪过那个饭店，接着马上上床睡觉。除非我提前过了马路，不然这么做太难了。食物的味道常常引得我忘记了身上那件对于我的工作如此重要的衬衫。

这听起来很可怜，但事实并非如此。这已经比我在雪松沼泽的经历好太多了。我能够独自睡一张床，而不用跟铁路段的工人在干草堆上挤着。只要朝好的方向进步，就没有什么能难倒我们。而当我们走下坡路时，即便是从大理石构筑的豪宅搬到稍便宜的宫殿，也会让人觉得困难。

毛毡靴公司里有几位大急流城的商业领袖。由于我们只在冬天销售产品，所以整个夏天我们要四处筹款，为销售做好准备。董事们需要签署我们的借款单，而我的职责之一就是到处奔波，落实签名和续签协议。就这样，我遇到了M·R·毕塞尔先生。他是必胜地毯清扫机公司的总裁。

他是一个和蔼可亲的人，我看到他便觉得有机会获得更高的薪水。那一天，我在他去吃午饭的路上拦住了他，向他描述了一个窘迫的年轻人每周仅挣4.5美元的生活。我没有必要夸大其词。在去吃午饭的路上，我告诉他自己每周要少吃两顿饭。最重要的是，我还表达了我对吃馅饼的期盼。我认识一家饭馆，他家在晚饭时提供馅饼，但那里的伙食费是每周3.5美元。我那时最大的雄心就是要吃到那种馅饼。

从他那里，我对人性有了新的认识。奋斗和贫穷并不会打动他。他很了解它们，并觉得它们对一个人来说是有益的。不过他喜欢吃馅饼，从没有过吃不到的情况。于是，他便邀请我去他家吃馅饼。后来，他为我安排了每周6美元的工资，如此我便可以天天吃馅饼了。

第四章
广告生涯伊始

与毕塞尔先生接触后，我们又碰过多次面。很快，我们进入了寒冷的季节，我的工作任务变得繁重起来。

"听说你最近工作很努力。"有一天，毕塞尔先生对我如是说。

我回答道："我是该努力工作了，因为我轻轻松松过了好几个月了。"

他坚持让我详细说说，于是我便告诉他自己每天凌晨两点下班，早上8点便会再回来。和我所认识的所有大人物一样，他也是一个工作狂。他一个人的工作量可抵三个普通人的工作量。所以，我的废寝忘食让他对我产生了兴趣，他迫切希望我去他的公司。

在我们职业生涯的初期，没人能通过业绩来评判我们。浅薄无知的人会依据个人喜好评判我们，但他们并不是我们要结交的人。真正的成功人士会依据我们对工作的热情来评判我们，那也是成就他们的基础。他们雇用我们来工作，自然认为我们的工作能力高于一切。

我从2月开始，来到必胜地毯清扫机公司做助理会计，每个月能拿到40美元。到了11月，我的工资已经提高到75美元，那时我已经当上了会计主管，这个职位已没有更大的晋升空间了。

我开始这样思考：会计相当于一笔开销，在每个公司中这项开销都固定不变；我永远不会比能胜任这项工作的人更有价值。大额工资都给了销售人员，给了那些带来订单的人，或给了能为工厂降低成本的人。他们创造出了利润，自然可以要求分得这些利润的份额。我意识到了"利润"和"开销"两者的区别，便下定决心离开"开销"。

就在那时，我们的经理查尔斯·B·贾德先生将一本由约翰·E·帕瓦斯写的宣传小册子带到了会计办公室。那时帕瓦斯可是广告界的元老，更确切地说是广告业的奶妈，因为那时广告业还处于起步阶段。他曾在费城的沃纳梅克公司担任广告文案，他在那里开创了做广告的一种全新理念。他说出的都是事实，但会用一种粗野而迷人的方式讲述事实。沃纳梅克公司每年付给他1.2万美元，这在那时候被认为是一个神话般的高薪。一时间，他成为所有想在广告界大展拳脚的人的榜样和梦想。即便在如今看来，在某些方面，他依旧如此。帕瓦斯的广告原则依然是广告业的基本原则。

后来，帕瓦斯离开了沃纳梅克公司，自己开起了公司。托马斯·W·威廉姆斯是必胜地毯清扫机公司的美东区经理，是帕瓦斯的狂热崇拜者。从他那里，我听说了很多关于帕瓦斯的故事以及他极具戏剧性的广告故事。

我记得在匹兹堡发生过一件事。有一家服装企业濒临破产，他们立刻打电话向帕瓦斯求助。帕瓦斯摸清了情况，说："只有一条出路，公布真相，告诉大家你们破产了。尽快进行大规模抛售，这是你们唯一的解救方案。"

服装经销商们认为，这样的公告会让所有的债权人找上门来。可帕瓦斯却说："无所谓，一定得说出实情，不然我就不干了。"

在他们第二天刊登的广告里，读到了这样的话："我们破产了。我们欠了12.5万美元，超出了我们的偿还能力。本公告将招致我们的债权人前来索债。但是，如果明天您来买我们的衣服，我们就有钱还他们了。否则，我们便会陷入绝境。鉴于此种情况，我们的服装定价如下……"

公布真相在当时的广告界是如此罕见，以致这一消息引起轰动。人们蜂拥而至，数以千计地进行购买，结果商店得救了。

还有一回，他被要求做广告推销一批卖不动的雨衣。

"它们有什么问题吗？"帕瓦斯问道。

批发商回答道："这事儿只有你知我知：它们的质量太差了。当然，广告里不能这么说，但事实就是如此。"

第二天，出现了这样一则广告："我们有1200件烂到家的雨衣。它们几乎一文不值，但仍然值我们定的要价。来看看它们吧，如果您觉得它们值我们要的价，就买了吧。"

　　一个批发商冲向帕瓦斯，准备跟他大干一架。"你什么意思，竟然在广告里说我们的雨衣烂到家了！"他吼道，"我们还怎么卖掉它们？！"

　　"那就是你告诉我的呀。"帕瓦斯说，"我只是在告诉别人真相。"在批发商借机冷静下来之前，所有的雨衣已经都卖完了。

　　就在那时，在他声名鹊起的时候，应威廉姆斯先生的要求，他向必胜地毯清扫机公司提交了一份小册子。它是用牛皮纸制作的。帕瓦斯的一个理念就是形式永远不要蒙蔽实质。我记得小册子上的第一句话是这样的："地毯清扫机，如果你有了正确的选择，就不必再对比其他产品了。"

　　可是，他对地毯清扫机一无所知。我们这行的行情他没研究过。他不知道我们的问题所在。他也从未花哪怕一刻钟的时间研究一下家庭主妇对地毯清扫机的潜在需求。

　　我告诉贾德先生："那样是卖不动地毯清扫机的。在那本小册子里，没有一个字能吸引女性来购买。让我试试看。根据我对情况的了解，我将3天后交给您一个方案，跟他的方案比一比。"

　　贾德先生笑了笑，还是同意了。接下来两天晚上，我彻夜未眠。第三天，我提交的小册子让所有人都决定放弃帕瓦斯的方案。他起诉了我们公司，要求我们支付稿费。但公司用我的宣传手册赢得了诉讼。

　　地毯清扫机行业尚处于起步阶段，用户很少，销量也很小。凭借那本宣传册的功劳，我请求公司许可我设法增加市场需求。圣诞节临近，晚上我在街道上散步时有了一个想法：把地毯清扫机包装成圣诞礼物。这种营销方式从未出现过。我设计了一个用于展示产品的陈列架，还画了卡片，上面写着"最佳圣诞礼物"。接着我去找经理，请他允许我通过邮件的方式征得一些生意。

他嘲笑我。他和我们公司所有的负责人之前都做过推销员。他说："走出去，试着卖掉一台清扫机。不管你走到哪里，你都会看到它们落满了灰尘。经销商随时准备把它们送人。出售新产品的唯一方法就是用枪把人逼到角落里，强迫他签一份订单。你竟然说通过写信来卖这些东西，我只能这样笑话你。"

不过，我撰写的宣传册赢得了他的尊重，他同意先寄几千封信尝试一下。接下来，我就写信给经销商，介绍了陈列架和卡片。在圣诞期间，我把这两样东西免费提供给他们，不是作为礼物，而是作为一种奖励。在那之前或之后，我从未请求过客户购买产品，那是没用的，我只提供服务。我要求经销商签署协议，确认会在陈列架上展示产品和卡片，这使他们主动来征求我的意见。

我寄出了大约5000封信，它们给我带回了1000份订单，这基本算是公司的第一批邮购订单。一个全新的构想由此诞生，它促使我从公司的"开销"部门转到了赚钱的部门。

即使如此，我还是缺乏勇气，不敢进入商业的不确定领域。那也是由于我母亲的影响。所以，我决定把白天用于新的冒险尝试，晚上还是用来做账。就这样，持续了很长一段时间。在午夜前我很少会离开办公室，经常在凌晨两点才走。

小时候，我曾学过一些林业方面的知识。我收集了附近所有树木的样本，把它们拿去跟其他男孩交换。就这样，我收集了许多有趣的木头。我这个小爱好直接引出了我的下一个营销策略。

我的想法是用一些有趣的木材制造必胜地毯清扫机。如果说我圣诞节的想法引发了嘲笑，这一次则激发了怜悯。我让它们用12种有名的木材来制造必胜地毯清扫机，每组12台清扫机，采用各不相同的木材。我希望它们使用从雀眼枫白到胡桃木黑由浅至深12种颜色的木材。

这引发了强烈的反对。正如我前面所说，公司的所有负责人都做过推销员，其中有个人是一些新装置的发明人，很有影响力。他说："为什么不提清洁功能、专利倾卸装置、喷嘴轴承以及我发明的那些技术呢？"

"我是跟家庭主妇们说。"我回答道，"她们不是机械师。我想说的是她们能够理解和她们想听的东西。"

他们最终对我做出了让步，同意让我尝试一下。毕竟我做到了他们认为不可能的事——通过邮件的方式推销地毯清扫机。他们几乎无法拒绝为我提供一个合理的发挥空间。他们同意专门为我生产25万地毯台清扫机，每组12台，采用12种不同的木材。

在他们生产木制清扫机时，我开始安排我的计划。我写了一封信给经销商，内容如下：现在必胜地毯清扫机每12台机器有12种木材的选择，我们采用了世界上最好的12种木材。我们免费提供展示机器的陈列架，附带宣传的小册子，就像那本介绍这12种木材的宣传册。数量有限，售完为止。订购条件是先签署附寄的协议，承诺在它们售出之前把机器和卡片摆放在陈列架上，并保证连续3周在每件售出商品的包装里附上宣传册。我提供了一项特殊待遇，而不是引导他们订购。我以助人者的身份出现，而不是一个推销员。所以，经销商们纷纷响应，在3周内就把我们库存的25万台地毯清扫机卖光了。

写到这里，让我们暂停一下。这就是我广告生涯的开始，那是我初次获得成功。跟我做其他事情能圆满完成一样，这次成功也是因为取悦他人。这不仅适用于向经销商推销，也适用于向顾客推销。地毯清扫机的用户数量翻了好多番。必胜实际上垄断了地毯清扫机市场，直至今天依旧如此。

有人仍会说："我没有这样的机会，我的产品跟清扫机可不一样。"产品当然会不同，但很可能它拥有无数的优点。在那个时候，没有什么产品比地毯清扫机更难卖了。是哪种产品无所谓，仅仅依靠常规广告是不行的。地毯清扫机可以持续使用10年，可其利润大约只有1美元。从来都没有人能通过常规的广告使那一类产品盈利。

现如今，年轻人无论入哪行，都不会比我那时遇到的机遇更少。无论是进银行还是进木材公司，也无论是卖轮胎还是卖杂货，任何人都要比我那个时候机会多。唯一能造成差别的是人的观念。我认为会计是公司的一项开销，而开销总是要不断缩减的，所以我尽力往带来利润的部门跳，如此一来我的发展空间就无限广阔了。

"12种木材"带来的成功使我声名远播，我开始寻找其他新颖的点子。去芝加哥时，我看到一节普尔曼卧铺车，车厢外层是朱砂木的，那是一种漂亮的红木头。于是，我跑了一趟普尔曼工厂，咨询有关朱砂木的状况。他们告诉我说，这种木材产自印度，那里的树木全都由英国政府控制，木材都由囚犯砍伐，接着由大象把这些木材运到恒河边。这种朱砂木的密度大于水，因而为了让木材顺流而下，需要在每根朱砂木的两侧都绑一根一般的木头。

一个有意思的画面浮现在我的脑海中：政府管控的森林、囚犯、大象和恒河。在回家的路上，我不断地想象这个画面。

不过，第二天早上到达大急流城时，我就返回了现实。我的雇主对政府森林、印度王侯和大象没有任何概念可言。他们倒是完善了一种新的倾卸装置。

于是乎，我争论不休，据理力争。我要求公司订购一大批朱砂木时，大家都笑了。他们再次向我申明，清扫机用户看重的并非木材，他们想要的是清扫强度、高效的倾卸装置、纯鬃毛刷等等。多么愚蠢啊！

不过，前些次的成功给了我一些声望，我最终说服公司的人为我订购一批我想要的木材。这批木材运送期间，我开始安排我的推广计划。我将信纸的天头和信封印成朱红色，那上面的地址印成白色。我打印了200万份封面是朱红色的宣传册，上面印有印度王侯的头像。这个册子讲述了一个故事，目的是引发人们的好奇心，让主妇们来见识一下这种木材。好奇心是促使人们行动的最有效因素。册子里的图片向人们展示了森林、囚犯、大象、恒河以及普尔曼卧铺车。此外，我还打印了10万封信以向经销商推介这种木材。

几周之后，木材到了，就是粗糙了些。过了几个小时，工厂主管约翰逊先生双眼含泪地找到我。"我们本想锯开这朱砂木。"他说，"结果锯条都飞花了。这木头像铁一样，根本锯不开。那整批货都要废了。"

我说："约翰逊先生，我们都有自己的问题需要解决。他们都说我不可能通过写信销售清扫机，可是我做到了。现在，你作为一个生产专家，可不能被这个问题难倒啊！"

后来，他用横切锯以某种方式锯开了原木。可接着，他又提出了一个新的问题。他无法将角钉穿透织物钉进木头里。所以，他根本没办法用这种木材制造清扫机。

我说："约翰逊，你真让我火大！来吧，你来我的位置试着卖掉那些清扫机，我呢，就去生产机器。你在钉角钉的位置先打个孔不就好了吗？"

然而，一场风暴正向我聚集而来。公司的生产已经开始停滞，清扫机的成本越来越高。所以，我被迫做出让步，每12台清扫机中采用朱砂木制作的只能有3台，剩下的全使用普通木材。

不久，我开始准备寄信了。信中并未敦促经销商订购清扫机，而是提供给他们一个订购的特权：若即刻订货，每12台清扫机就会提供3台朱砂木清扫机。对于这3台清扫机，经销商可自主定价。必胜牌朱砂木清扫机仅此一批，过了这村儿没这店儿了。唯一的条件是经销商必须签署附寄的协议，必须在出售之前展示这些清扫机以及我们寄去的卡片；而且，在3周内，店里每售出一件，包装内都要附赠朱砂木清扫机的宣传册。由此，我再次将经销商置于主动联系我的位置。

活动的反响非常热烈。在接下来的六周，必胜地毯清扫机公司所赚到的钱比之前任何一年都要多。销售地毯清扫机的经销商数量猛增，主妇们也对这种使用并不普遍的装置产生了兴趣。

在那之后，我将记账工作放到一边，全身心地开展销售工作。我通过成本仅有1美分的信件卖出的地毯清扫机比14个四处跑的推销员卖出的总数还要多。与此同时，由于清扫机有了新卖点可提，我们的销售人员完成的销售额也增加了不少。必胜地毯清扫机占据了该行业95%的市场份额，占有了至今仍拥有的地位。广告由经销商发布出去，市场需求不断扩大。我相信，当时的必胜公司已成为大急流城最有钱的企业。

每年策划3个营销方案成了我的工作，这些方案都涉及清扫机的表面处理和所用木材。比方说，我发现某人拥有一种给装饰面板上色的方法。液体颜料要置于面板内层，每当刷尾转到上面，色彩就透过面板显示出来，产生一种妙不可言的效果。我给贴上了这种装饰面板的木材命名，并把样本附在信件中。

还有一次，我提议在给经销商供货时，每12台清扫机中提供3台镀金清扫机，就跟我们在芝加哥世界博览会上展出的那款完全相同。如此一来，我便把公司在世界博览会上的展台放置到了全国各地数以千计的门店橱窗里。

但过了两三年，我发现自己已经江郎才尽了。地毯清扫机表面处理上可做的文章越来越少，新点子越来越难想。我觉得自己快要透支了，于是我开始寻求更广阔的发展空间。

就在那时，芝加哥的洛德暨托马斯广告公司首次提供给我一个职位。该公司有个策划人，名叫卡尔·格雷格，他准备离职去《洋际报》做发行。洛德暨托马斯广告公司曾关注了我策划的清扫机营销方案，于是将他的职位给了我，薪水比我在大急流城的收入高得多。因此，我对必胜的人说我打算接受这个职位。公司召集了董事会，在过去所有成员都曾极力反对过我，都曾想方设法反对我提的每个方案，也从未停止嘲笑我在推销一台用来清扫地毯的机器时大谈各种木材的点子。然而，他们一致投票将我的待遇提升到洛德暨托马斯广告公司的水平，所以我留了下来。

然而，当时我就知道，那只是个暂时的决定。我感受到了来自更加广阔领域的召唤，芝加哥的邀请激发了我的斗志。不久，在我收到了一个更有前途的职位邀请时便辞职了。

第五章
开辟新天地

现在,我进入人生中的悲惨时期。在大急流城,我觉得自己已经束手无策。洛德暨托马斯广告公司给我提供职位的事让我得到了更广泛的认可。大概是因为我体内有源自母亲的苏格兰血统,我的野心在体内激扬澎湃。我迫不及待地想远走高飞。

然而,当时我已在大急流城安了新家。我的周围生活着的都是我熟悉的朋友。而且在那里,我享有难得的声誉。我很清楚,要去更广阔的领域打拼,我就必须放弃自己所热爱的一切。

依照普遍的看法,我觉得有野心是正常的。雄心勃勃在任何地方都会获得掌声。可我却经常回大急流城,在那里羡慕我的老同事。他们生活在一个安逸的避风之所,不需要应对太高的要求,可以获得刚刚好的成功和报酬。可是,在我动荡的生活中,如今回顾起来,我享受的所有乐趣他们也都没有错过。虽然得了声名,但我却不为所动;虽然赚了钱财,但未能花得尽兴。我一向偏爱恬静的所在。本书便是在大急流城附近的花园里写就的,归巢的本能将我带到这里。当我与老友们相聚此地，很难断定当初谁的选择更加明智。

在芝加哥有家肉类食品加工厂，叫斯威夫特公司，他们想招聘一名广告经理。我查询了一下，发现这家公司当时的资产为1500万美元。通过咨询我了解到，他们打算每年在广告宣传方面投入30万美元。放在当时，这笔投入足以让他们成为美国最大的广告主。

与他们提供的待遇相比，必胜公司简直微不足道。我下定决心拿到芝加哥的这个职位。我毫不怀疑自己的能力。在密歇根当地，我一个人说了算，从没想过会有其他大人物把我当奴仆使唤。

我到了芝加哥，找到了他们公司的畜牧围场，在那儿我被引荐给里奇先生。他是人造黄油部门的主管，就是他一度主张公司开展广告宣传。

"里奇先生，"我说，"我来此是为了那个职位。"

他和善地对着我微微一笑，并询问了我的姓名和住址。接着，他把我的名字写在一张纸上，放在一大串名字之后。

"这些名字是怎么回事？"我问道。

"怎么了？他们也是来求职的！"里奇先生说，"这上面有105个人了，你的位置是第106位。"

我一下惊呆了。有106个人都觉得自己能胜任那个高管职位，简直是利欲熏心！

我转过身对里奇先生说："我来到这里主要是想看看自己在广

告行业处于什么地位。我并非真想拿到这个职位。我的心依然在大急流城，我觉得那里是我的幸福所在。不过这个职位对我来说是一种挑战。我要证明自己是最佳人选。"

里奇先生微笑着说道："那就来吧，上帝保佑你。我们期待被你说服。"之后又简短地聊了聊，他便让我离开了。

芝加哥所有的大型广告代理公司我都认识。他们都曾找我联系过。所以，那天下午，我去了每家公司，对他们说："今天请帮我个忙，帮我写封信给芝加哥联邦围场斯威夫特公司的里奇先生，并说说你们怎么看待克劳德·霍普金斯。"所有公司都答应了。我清楚，他们中的一些公司一定会把我写得天花乱坠。

那天晚上我回到了大急流城。恰巧我当时在当地的贸易理事会有份差事，为他们编写了大急流城史。理事们对此书颇为欣赏。编写这本书给了我与当地所有商界精英接触的机会。第二天早上，我就去拜访了他们。我先打电话约了银行家，然后是家具制造商，再然后是批发商，最后是其他商人。做这件事花了我好多天的时间。我对他们每个人说："请帮我个忙，给芝加哥联邦围场斯威夫特公司的里奇先生写封信，说说你们怎么看待克劳德·霍普金斯，谈谈他写作和做广告的水平。"就这样，信件铺天盖地地飞向里奇。

后来，我又找了大急流城的《先驱报》，对他们说："我想在贵报开一个专栏，每日写两栏文章，内容与广告相关。这些文章可以教那些广告主怎么做广告，且我分文不要。我的要求是，你们要让我署名并把我的照片放在文章刊登处。"

　　他们欣然同意。于是，每天晚上下班之后，我都要写两栏文章。然后，我骑自行车带着它赶往报社，赶在午夜报纸付印之前提交稿件。事实上，每篇文章都是针对斯威夫特公司而写的，且是写给里奇先生看的。它的目的就是通过文章表明我对广告的理解。文章一见报，我就把它邮寄给里奇先生。

　　经过3周"邮件轰炸"后，我收到了一份电报——斯威夫特公司要我去一趟芝加哥。我出发了，但并未承想能拿到职位。我比以往任何时候都更加意识到，一旦离开大急流城，我将孤苦无依。可是我必须兑现说服他们的承诺，所以我就去了。

　　我们没讨论薪水的问题，这为时过早。所以，我脱钩的方法是开出一个高于他们心理预期的高薪。我就这么做了，结果L·F·斯威夫特先生（时任总裁G·F·斯威夫特的儿子，现任公司总裁）拒绝考虑。他没有读过那些关于我的信件和我写的文章。他对我没有任何印象。他所考虑的仅仅是我的薪资要求。

　　当天下午，里奇先生要求召开另一个讨论会，并带我去吃了午饭。在饭桌旁，他像父亲一样跟我聊天。他说当时可供我发展的空间非常狭小，只要我还留在原地，就没办法拓宽这个空间。斯威夫特公司给我提供了这个职位是业内最好的，他们需要推广的产品很多，我有无限的发展空间。他让我明白拒绝这样的机会是愚蠢的，我被他说服了。午饭过后，我回去接受了他们所提供的薪水，承诺在3周后到岗。

　　第二天早上，我返回了大急流城的家，看到在门廊处有一个家庭，他们的门前绿树成荫，院子里繁花盛开。这样的情形跟畜牧围场形成了鲜明的对比，在那里到处是脏兮兮的牛棚和猪圈；前往公司的路上要穿过半英里的泥沼。我对自己的选择感到后悔了，似乎我付出的代价太大了。如果我没有说出那些话，那么我肯定会回来过我那恬适而平淡的生活。现在，回顾了这30年的生活，我今天早上还在想当初应该回头。

3周过后，我去了芝加哥。我在第四十三街找了一个住处，因为那个地方有车开往围场。我的住处很小，光线不好还脏兮兮的。我不得不越过我的行李箱才能上床睡觉。在台柜上我放了一张大急流城家的照片，可我只能把它翻过去朝墙放，不然我就睡不了觉。

第二天早上，我到围场报到。当时里奇先生离开了，因此我被引见给了L·F·斯威夫特先生（公司的现任总裁），他已经不记得我了。

我说："3周前你雇用了我，让我担任广告经理。"

"是吗？"他回答道，"我完全忘记了。如果你真被录用了，就出去找豪斯谈谈吧。"

想想看，一个形单影只的人受到这样的接待，我的心已经凉了一半。对于我这个骄傲自大的人，我这个来自小城市并在那里无人不晓的人，受到这种待遇会是何种心情。

但我比想象中更不受欢迎。在我被录用时，公司总裁G·F·斯威夫特先生正在欧洲。那是他首次旅行度假，却享不了那个福，急忙赶了回来。他见到我便问我在他办公室干什么，当得知我在那里是要花钱时，他马上就对我讨厌至极，而且一直没变过。

他立即行动起来，我的职位眼看就要保不住了。他领导开拓业务不靠刊登广告。他既不讨好人，也不求人光顾，成功完全借助于纯粹的能力。他对广告人的蔑视就如同将军对待诗人的态度。

他极力阻挠我开展工作。我之前的工作环境充满人情味，那里的同事就如同朋友，可如今我好像进了战场，办公室内外只要与业务相关的，不管何种想法，都意味着斗争。30年前肉类加工业的残酷程度，现在没有哪个行业能比得上。

G·F·斯威夫特先生是一个虔诚的教徒。我确信他只会做自己觉得正确的事。在当时那个商场如战场的年代，他是个专制独裁的人。当年做生意，没人手下留情，也没人低头求饶。恰恰是这种态度在后来给生意场冠上了坏名声。

如果说斯威夫特先生是一位斗士，我就是他的靶子。在他眼中，我就是一笔愚蠢的开支，在他不在时被塞进公司，还浪费他辛辛苦苦赚来的钞票。所以，我需要承担所有后果。在众多因听他说话而发抖的人中，我一直是抖得最厉害的那个。

斯威夫特先生对广告的概念仅仅是冷藏车厢上的招牌广告，它们会跟着车到处跑。那些广告就是要字体醒目，而我永远都不能让广告字体足够醒目。

接下来便要制作广告年历了。他对年历有非常明确的想法，跟我的想法从未一致过。即便我迎合他的想法，也无法让他对我满意。

145

有一天，他让我找人拍摄一张半扇牛肉的照片放到牛肉厂房里。我认为，这是一次至关重要的考验。于是，为了拍摄工作，我请了六七个摄影师，取来库里最棒的半扇牛肉。第二天早上，我给他发了几十张照片供他挑选。

过了不久，我就见斯威夫特先生捧着照片，像头疯牛一样从他办公室冲了出来。他跑向我的办公桌，但停在了20英尺开外，把照片拽给我。

接着，他走过来说："你觉得照片上那些玩意儿看起来像牛肉吗？它们的颜色跑哪里去了？你觉得会有人买黑色的牛肉吗？"

我解释说照片拍不出彩色的。紧接着，他说："我认识一个女孩，她会画彩色的牛肉。我会把这个工作交给她来做。"此后，在我们的办公室里，那个女孩的待遇比我好得多。

当时，斯威夫特公司主要的广告项目是宣传推广"科特苏特油"，而费尔班克公司正在通过广告推广"科特林油"，而且势头很不错。那个时候，我的主要任务就是跟这家公司竞争。

"科特苏特油"和"科特林油"都是调和油品牌。他们是棉籽油和牛板油的混合油，它们可替代猪油或者黄油用于烹饪，但价格更低廉。

作为最早的品牌，"科特林油"已经取得了重大进展，优势明显。可是大家都指望我这个广告人迅速赶超并击败它。这就如同随便拿块白色肥皂去与"象牙香皂"一较高下。

我们公司在波士顿开设了销售办事处，并开始在新英格兰打广告。那时我们的业务几乎还没展开。某一天，L·F·斯威夫特先生来到我的办公桌前，对我说："我父亲非常担心这笔砸在广告上的钱，他觉得这完全是浪费。到目前为止，广告的效果并不十分乐观。你已经在这儿待了将近6周，但我们的'科特苏特油'的销售毫无起色。"

我没有必要对他解释，他也清楚广告宣传尚未完全展开。但我知道，我必须找个快速起效的法子帮他摆脱困境。

那天晚饭过后，我在街上踱来踱去。我试着分析了一下自己的处境：我在大急流城取得了巨大的成功，但在这里却一无是处。原因究竟是什么呢？我之前的哪些经验可以照搬过来解决斯威夫特公司的问题呢？

在午夜的印第安纳大道上，我想到了一个主意。在大急流城，我制造出轰动效应，提出了吸引人的点子。我并没跟人说："买我家的产品，别买别家的。"我向他们提供了诱人的条件，他们自然而然地来购买。

为什么不将这些原则应用于"科特苏特油"呢？那时，罗斯柴尔德公司有一家新商场即将完工，将在两周内开放。我认识他们的广告部经理查尔斯·琼斯，我决定去找他，为他的开业典礼制造点儿轰动效应。

第二天，我真的去找了他。他的杂货柜台在五楼，那里有一个巨大的临街橱窗。我请求他把橱窗借给我，让我在那里做点儿特别的展示。"我会在那里做一个世界上最大的蛋糕。"我说，"我将在报纸上大肆宣传。"我承诺说："我会让该橱窗成为你们新店开业的最大噱头。"

我的想法就是用"科特苏特油"替代黄油来制作蛋糕，然后便可以宣称，这款比黄油好的产品也肯定要比猪油好。

琼斯先生接受了我的主张。接下来，我就去了隔壁的科尔萨特烘焙公司，并要求他们烤制蛋糕。我让他们准备制作蛋糕必备的特殊烤盘，将蛋糕装饰得绚丽多彩，还要把蛋糕做得高至屋顶。他们照做了。

开业那天，我在报纸上刊登了半版的广告，宣称世界上最大的蛋糕诞生。那天是周六，晚上商场就要开业了。晚饭过后，我出门想去亲自看看这块蛋糕。可是车到了国家大街，在离商场很远的地方就停了下来。我下了车，发现自己面前人山人海。挤了很久我才到了商场门口。每个门前都站着一个警察，当局已经关闭了所有门，因为里面实在无法容纳这么多的人。

接下来的一周里，有10.5万多人为亲眼看看这块蛋糕而爬了四段楼梯，电梯根本无法装载他们。那里有展示人员，他们会请顾客试吃蛋糕。接着，我们还有奖品提供给那些猜蛋糕重量猜得最接近的人，不过竞猜者都要先买一桶"科特苏特油"。

由于那个星期的活动，"科特苏特油"开始在芝加哥盈利。我们赢得了数以万计的顾客。

接着，我组建了一个团队，在东部各州实施我们的方案。该团队由一个面包师兼装点师，三个展示人员和我自己组成。我们去了波士顿，在科布-贝茨-耶克萨商场设置了展台，但他们在第一天的上午就把我们赶出去了。人实在太多，其他商店的生意都做不了了。

　　我们沿着纽约州的中部奔走，在每个城市我们都学到了新的东西，不断扩大我们的战果。我们总是找当地最优秀的面包师，并向他展示我们在别处做蛋糕的剪报。他来想制作这个蛋糕，条件是他购买一车皮的"科特苏特油"，同时我们也帮他做宣传，标明他就是蛋糕的制作者。有时候，我们甚至要求对方订购两车皮的"科特苏特油"。我们还会去找最知名的百货商店，告诉他我们蛋糕秀的效果。倘若他订购一车皮罐装的"科特苏特油"，我们就把蛋糕放到他的店里。

　　无论我们去哪里，都会卖掉足够多的"科特苏特油"，以提前保证我们盈利。而且，我们还雇了报童在大街上叫卖："晚报新闻，关于大蛋糕的最新消息。"结果，我们的蛋糕在哪个商店展示，哪个商店就被围得死死的。在每个城市，我们都发展了成千上万的固定客户。

　　最后，我们来到克利夫兰市，在那里他们有一个集贸市场。我们找不到杂货商来购买一车皮的货，但我们让集贸市场把乐队和报纸版面安排我们使用一周。结果可想而知，为了维持秩序，克利夫兰市出动了半数的警察，市场都用绳子分隔出了通道。在那一周，我不知道别的货摊生意如何，但我们确实卖出好多"科特苏特油"。

　　在我回到芝加哥时，L·F·斯威夫特先生说："这是我所知道的最惊艳的广告噱头。这次你让我父亲和我彻底满意了。"

　　就这样，我在斯威夫特公司站稳了脚跟。

　　许多人都说，这不是在做广告。对他们而言，做广告就是在报纸上刊登一些好听的话。可是普通的好话并不能卖出这么多货。如果你想知道怎么卖东西，就得研究推销员、上门兜售的卖货郎、卖假货的小贩。世界上没有任何一种辩词可以与精彩生动的演示相提并论。

有些人认为靠优美的言辞便可以卖出东西赚到钱，我不敢苟同。我曾花费几个小时的时间听他们论述自己的观点。他们或许可以说礼服长裙是最好的潜水服，但走文艺路线是没机会让顾客从口袋里掏钱的。推销商品的方法就是卖掉它们，也就是提供样品和做演示等。你的演示越出色，推销的效果就越好。成功的广告人不一定是有良好教养的人，也不一定是为人谨慎低调且有礼貌的人，但一定是那些知道如何激发人们热情的人。这种差别就像查理·卓别林和罗伯特·曼特尔之间的差别，或是《舞会之后》和《月光奏鸣曲》之间的差别。如果我们打算卖东西，就必须迎合千千万万消费者的需求。

第六章
人员推销

　　尽管我获得了成功，但当我的广告诉求失去所有的说服力时，我与斯威夫特公司之间又出现了问题。"科特林油"开始降低售价。我们最大的客户来源是糕点烘焙行业。他们都知道"科特苏特油"和"科特林油"是一样的，所以拒绝支付更高的价格。

　　斯威夫特公司的业务是在竞争中建立并发展起来的，他们会尽量接受客户开出的任何价格。所以，他们无法想象自己的产品高于市场价。

　　我把"科特苏特油"的价格定得比"科特林油"高出0.5美分，这个定价对盈利至关重要。普通顾客不会吝啬于0.5美分，但糕点烘焙业构成了我们业务的很大一部分。我们在波士顿有一个分销处，每个月运营成本是2000美元。奥德里奇先生是那里的主管，其手下有6个销售员。由于零售方面的市场需求是我们制造出来的，所以其销售额并不计入他们的业绩。再加上"科特苏特油"价格较高，因此他们在烘焙业的销售额几乎为零。

有一天，斯威夫特先生将我叫去他的办公室。他说："这是来自波士顿的一封信。我完全同意他们的说法。按你给我们的产品定的价格，他们什么也没卖出去，也没法卖出去。"

"他们错了。"我回答道，"真正的销售技巧不用担心价格。我能以高的价格把'科特苏特油'卖给消费者，他们为什么不能将它卖给面包师呢？"

斯威夫特先生说："你能做到吗？"

我回答说："我可以。"按我提出的原则，我可以把"科特苏特油"卖给普通消费者，也同样能卖给面包师。

"那么，"他问，"你什么时候去波士顿？"

"我能在两周内离开。"我说，"因为我手头尚有很多工作需要处理。"

"你今天下午能去吗？"他问道，"这是一个紧急的事儿。我们在波士顿亏了很多钱。在事情更糟之前，我想知道问题出在哪儿。"

"那我今天下午就去。"我说。我走到办公桌前，发现重要的事项堆积如山。我吩咐我的助手处理它们。接着，我拿起桌上刚刚交给我的一张街车广告牌校样——一张画着馅饼的图片，把它夹在胳膊下就走了。

在到达波士顿时，我遇到了奥德里奇先生。他垂头丧气，怨气沸腾。他把跟斯威夫特先生说的话又告诉了我一遍，说我只会纸上谈兵。没人能按照比"科特林油"高的价格出售"科特苏特油"，没有哪个销售员能做到。

152

我说："告诉我一些不买咱们产品的企业。"

奥德里奇先生回答说："所有企业一概不买，我们不能卖给任何一家。"

"告诉我一个企业名。"我说。

"好吧，比如切尔西的福克斯馅饼公司。"他回答说，"它是我们周边最大的一家。"

"马上带我到他们身边去。"我说。

奥德里奇先生就这样带我去了那里。到那里时，我们发现福克斯先生正身穿衬衫在烘焙间忙着。我们等了一会儿。

他来招待我们时，我发现他的情绪相当不好。他很忙，也知道我们没有他想要的东西。所以，正如我所想的那样，他想尽快把我们打发走。

不过，我像个熟人一样招呼了他一下。我说："我是斯威夫特公司的广告经理。我从芝加哥到这里来是想听听您对这张广告牌的建议。"我把广告牌放置在50英尺外，接着我请他过来仔细端详。

"这张广告牌，"我说，"是要呈现理想的馅饼。它花费了我们一大笔钱。画家向我们收取了250美元稿费，然后，图案还要刻到石头上。你看到的那些颜色是12种不同颜色的石版套印出来的。"我尽我所知解释了这个过程，它跟烘焙的过程可不一样，他对此很感兴趣。

我告诉他，在打印这些广告牌之前，我希望他能给这些广告牌把把关。他同意了。他是一位做馅饼的行家，我想知道他对图片上的馅饼的看法。

他立刻从面包师变成了评论家。我们开始讨论这个馅饼广告牌。我每发现一处问题，他就为其辩护。很有可能的是，他从未被人捧成顾问这一角色，而且他像所有人一样，感觉这样很受用。

最后，他坚持说馅饼广告牌呈现了最完美的馅饼，没什么需要改善的了。如果他能做出那样的馅饼，那么波士顿的所有人都会来买他的馅饼。

于是乎，我便坚持让他收下广告牌。我问："在波士顿共有多少家商店卖福克斯馅饼？"

"大约1000家吧。"他回答说。

我说："您供货的每家商店，我都给您配送一张这样的广告牌。您投我桃，我也要报以李啊。不过，我必须在广告牌上宣传一下'科特苏特'。我会在每张广告牌上说福克斯馅饼只用'科特苏特'。现在，您每订购一车皮'科特苏特'，我就给您250张广告牌。"

他同意了我的提议，订购了4车皮货，获得了1000张广告牌。

接下来，我去了普罗维登斯，跟奥特曼面包店做了同样的事。再后来，在纽黑文、哈特福特、斯普林菲尔德以及新英格兰地区的所有大城市，我都这样做了，居然屡试不爽。每家大型烘焙公司都大批地购入"科特苏特"。他们支付了比"科特林"高的价格，却也得了不少实惠。

我带回波士顿的"科特苏特"订单比6个推销员6周内卖出的

还要多，可奥德里奇先生却不以为然。

"你卖的并非'科特苏特'。"他说，"你卖的只是馅饼广告牌。现在我想知道，要是没有这种广告牌，你能做些什么。我们的大客户之一是马萨诸塞州斯普林菲尔德市的曼斯菲尔德饼业公司。在那里，你已将广告牌专有权授予了另一家公司。我想看看你能用一般的销售技巧做些什么。"

我马上前往斯普林菲尔德，在周六傍晚前到达。我到了曼斯菲尔德的烘焙间，见泰迪·曼斯菲尔德正身穿衬衫在那里忙活着。等他忙完，我对他说："泰迪，我被邀请出席今天晚上商业俱乐部的晚宴，我不想一个人去。我能带一位客人去，希望你能陪我去。"

泰迪不想去，说他从没参加过晚宴，也缺少合适的衣服。我跟他说，我就穿着身上穿的这套衣服前往，他最终同意一起去。

泰迪·曼斯菲尔德度过了一个美妙的夜晚，他首次见到城里有头有脸的人。他很享受，在我们分手时，他对我显得非常友好。

那天晚上在酒店的门口，我说："我周一上午去拜访您，并给您带一些您感兴趣的东西。"

"还是不要了。"他说，"您今晚一直对我客客气气，我都无法拒绝您的任何要求了。但是我存了太多的'科特苏特'，地窖里有40大桶。正如您所知，我用不起'科特苏特'。很高兴见到您，但请不要再让我买'科特苏特'了。"

周一的早上，我找到了泰迪·曼斯菲尔德，他像之前一样仅穿了一件衬衫。我说："泰迪，我不想跟你说'科特苏特'，但是我有一个建议。我是斯威夫特公司的广告经理。我可以通过某种方式做别人做不到的事。你的馅饼在斯普林菲尔德很有名，但在别的地方却无人知晓。我想提供一个方法，把曼斯菲尔德馅饼从这里推广到芝加哥。"

接下来，我就公开了我的方案。如果他订购两车皮的"科特苏特"，我会在车厢上张贴广告牌，广告牌上会标明，车上所有的"科特苏特"都是用来制作马萨诸塞州斯普林菲尔德的曼斯菲尔德馅饼的。"并非在车厢的一侧。"我说，"而是在两侧都贴上，这样900英里铁路沿线两侧的人都会认识你的馅饼。"

这个想法对泰迪产生了吸引力，类似的想法会在此前或此后吸引无数的广告客户。有人说这么做是愚蠢的，但这并不比所有"让你扬名于人前"的想法更加愚蠢。泰迪代表了那个时代最普遍的广告客户。他的愿望不过就是为了声名远播。他接受了我的提议。一周后，车到了。我和他一道在那里迎接送货来的列车。见张贴着曼斯菲尔德馅饼的列车从900英里外的芝加哥驶来，泰迪·曼斯菲尔德满意极了。我很少见到有人像他那样兴高采烈。

我一周的销售量比6名销售员6周的销售量还要大，而且没一个买家对价格有所抱怨。斯威夫特先生给我发电报，说要解雇整个波士顿团队，但我请他等我回去听听我的解释再决定。

见到斯威夫特先生时，我说："我既没推销'科特苏特'，也没大谈'科特苏特'。我卖的是馅饼广告牌和方案，而'科特苏特'也被一并卖了出去。"

"那我希望你把公司其他的人全教会。"

"那是没法教的。"我回答道。至今我仍持这种观点。我与其他人的不同之处在于对营销概念的基本理解。普通销售员公然寻求援助，为自己谋利益。他恳求顾客："买我的货，别买其他人的。"他向自私的人提出了自私的要求，当然会遇到阻力。

我卖的是服务。我的谈话的全部出发点是帮助面包师得到更多生意。我取悦对方的努力掩盖了我自己的利益。

我一直将这样的原则应用于广告。我从不让人们购买我的产品，甚至很少说我的产品有经销商销售；我也很少报价。我策划的所有广告全是提供服务，要么提供免费样品，要么提供免费正品。它们听上去很无私，所以他们才会去读，然后按照自己的意愿行动。自私的诉求是无法做到这一点的。

今天，相同的原则被广泛用于挨家挨户上门推销。卖刷子的上门叫卖时给主妇们一把刷子作为礼物，卖铝制品的会给一个盘子，卖咖啡的初次上门时会提供半磅装的免费试喝套装。这样做总是受欢迎的。家庭主妇们会满脸堆笑，并认真听他们推销产品。之后，她们便自然而然地购买产品以回报推销员的好意。

生产吸尘器的厂家免费提供试用一周的家庭清扫服务；生产电动机的厂家提供产品在缝纫机或风扇上试用一周的服务；生产雪茄的厂家向所有有兴趣的顾客提供一盒雪茄，对他们说："来10根雪茄，不喜欢可以把剩下的退回去。试抽无须任何费用。"只要顾客愿意，各种各样的产品都可以赠送，而且几乎所有出售的产品都可以退。不论是书面广告还是当面推销，以提供一些吸引人的服务为基础的都是好的推销。

优秀的推销员会研究如何让诉求更具吸引力。前者说："钱到了就发货，如果对产品不满意，我会退钱。"后者则说："无须付款，先发给你进行试用，汇款或退货随你的意愿。"

我通过邮购买了很多书。在我看的有些杂志里，几乎每一期的新书推介里都有我想要的书。广告里不说"先汇款"，我可能不会买那么多书。我的支票簿在办公室里，等到第二天，这本书很可能会被我忘掉。他们反而会提议先把书寄给我看看，只需我把兑换券邮寄过去。我立刻把兑换券撕下来，放进口袋里，第二天早上就寄出去了。

在我做广告的初期，这些销售技巧还是新鲜的。我一度觉得自己是第一个运用这些技巧的人。毫无疑问，很多对这些技巧的运用都是我发起的。即便在零售行业，我也从未试图直接推销产品。我总是给顾客提供一些帮助。如今，我只谈服务、好处、享受、礼品，不掺杂我自己的任何意图。

在挨家挨户兜售时一定要运用这些原则，否则销量就不会太大。邮购商品的广告主也必须如此，因为其效果立竿见影。不过，对广告效果无法评估的广告主往往会忽略这些原则。我们到处都能看到一些广告主只是大声吆喝品牌。他们喊道："买我的品牌，保证货真价实。"他们显露出来的全部意图都是为自己谋利。这样的营销方式或许有时在一定范围内奏效，但它的效果永远比不上看起来无私的诉求。

可是，斯威夫特公司拒绝提供试用，我永远无法对他们的产品进行抽样。我们做过羊毛皂、洗衣粉、早餐香肠、火腿、培根和黄油等产品的广告，基本上获得了成功。然而我逐渐意识到，在公司的这些限制下，真正的成功是不可能的。这些年的经历也证实了我的观点。食品加工业的很多产品线都可以通过做广告增加利润，但除了卡德希荷兰清洁剂公司，我没听说过哪家食品加工公司的广告大获成功。这也有一些特殊原因。所有的营销机遇都会因自私而丧失。他们都觉得商场如战场，推销方式必须强硬，而竞争只能靠压价。如今这些看法在实质上有了改善，但还不足以促使食品加工行业出现成功的广告主。换句话说，在我看来，食品加工业在广告推广方面获得的成功远远无法匹配其拥有的营销机遇。

在畜牧围场的那些日子，我的关于广告营销的所有理念都被禁锢了。我意识到，我必须打破这些限制才能实现我的梦想，所以我开始关注其他领域。

第七章
医药广告

现在，我要谈的是一类我不再赞同的广告。30多年前，医药广告为广告撰稿人提供了绝佳的机遇，同时它也是对其技能的终极考验。药品若没有需求，便是毫无价值的商品，即便每瓶只卖1美分，在药剂师的货架上也没有放它们的地方。一切完全取决于广告。

医药广告与现在的邮购广告一样，对广告撰稿人是一种非常严苛的考验。广告是否有效果会通过销售的盈亏直接反映出来。他推销的药品要么盈利，要么亏本。销售员、经销商或其他人员没办法帮助他。人们在卖面粉、燕麦或肥皂等产品时，可以通过降低批发价格或进行促销来增加销量。生活必需品的销售受多种因素的影响，有时很难衡量广告的效果。药品则不同，它完全依赖广告。

正因为这样，我那个时代最伟大的广告人都要去医学领域深造。虽然所有人都毕业了，但他们都意识到，医药广告最考验他们的能力。它会淘汰不合格的人，给予幸存者名利和地位。对人构成如此考验的广告业务，只有某些邮购广告业务才能与之相比。

当时，医药广告主导着广告行业，就连最棒的杂志也接受医药广告，几乎没有人质疑它们的合法性。就如同我在肉制品加工厂时，没人质疑火车折扣票或员工票。如今审视一下医药广告，我们必须承认经验和教育改变着理念和原则。

过去的每一种社会罪恶都有其存在的合理性。制药商中有很多品格高尚之人，他们觉得以合理的价格提供治病治疗方案是为全人类造福，他们帮不了那些看不起病的人。在他们的观点中存在不少合理成分。每个药品制造商都会收到数以万计的患者的推荐信。我一直相信，那些制药商做出的贡献远远大于其带来的伤害，尽管贡献大多源自主观印象。

然而，随着医药科技的进步，医生们自己也基本上不再相信特效药。我们逐渐意识到，病人应该先进行诊断。要先找到真正的问题，而不是仅仅消除症状。对大部分病人来说，自己用药是不明智的。

很多年前，我就得出了这个结论。长达17年以来，我从未做过药品广告，一些用于小毛病的方子除外。在任何情况下，我都不会去做。就在我撰写本书时，我拒绝了一笔90万美元的医药广告业务。现在，我和大家一样，坚定地反对为任何损害公共利益的产品做广告。

请注意，我在这里讲述的事情发生在很多年以前，它符合当时的社会准则和做法。我不知道还有谁比那时候从事医药事业的人更加品格高尚。我讨论的广告方法，适用于任何时代和任何地方。至于何种广告可以为公共利益服务那是另一个问题。

在斯威夫特公司期间，我写过一篇有关专利药品营销的文章，它引起了威斯康星州拉辛市舒普医生的关注。当时，他通过代理销售药品，没有药店的销售渠道。这样的代理销售正逐渐衰落，所以他正在寻求一种方式，将他的药品摆上药店的货架。他写信邀请我去见他。

肉制品加工厂对其食品广告的种种限制，让我感到沮丧。我明白医药广告为广告业者提供了千载难逢的机会。所以，我就去了拉辛市，跟舒普医生聊了聊，最后接受了他提供的工作机会。

我发现了一些仅通过代理销售的药品，没有一款在药店销售。普通的销售代理无法生存，因此这种业务濒临消亡。我的职责就是制造能促进销售的需求，让药店自愿去销售。假如不具备如我一般丰富的零售营销经验，没有一个人能完成这个任务。

在一个接一个的夜晚，舒普医生和我讨论当前的形势。我告诉他自己做过的全部广告，谈论了一些与产品无关的想法。后来，我们研究出一个让药剂师签字担保的法子，毕竟人们买的并非药，而是最终的疗效。很多医药广告主都在千里之外承诺疗效，可担保人是大家都不熟悉的陌生人。我的想法是找个当地社区的药剂师，人们向他付钱买药，他来签字担保。

首先，我尝试针对一款止咳药采用了这个方案，它带来了巨大的成功。这是一款对任何人来说都毫无任何风险的止咳药。

如果它能带来我们承诺的疗效，它必定物超所值；如果疗效不理想，顾客将获得免单。市面上没有哪种止咳药能与我们竞争。

后来，我又在其他药品上——舒普医生的滋补药和风湿药——测试了相同的方案，它竟然像魔法一样奏效。别家的药品广告只做了口头承诺，但我们提供了书面保证。就这样，我们获得了大笔的生意。

我们承诺担保的前提是顾客一次性花5美元买6瓶药，但很少会有顾客买这么大的量。不过，因为我们有担保，即使只买1瓶，他们也毫不担心。当时在这个行业没有人有机会与我们比肩。

那时候，我们十分谨慎。我们没有贸然在报纸上刊登广告。我们在人口超过1500人的城镇挨家挨户发放宣传册。在那些小乡村，我们则获取每家每户的邮寄地址。那时农村免费邮递服务还没出现。我掌握了美国和加拿大境内约8.6万个邮电局所有家庭的完整邮寄列表。

在今天看来，我们当时采用的方法已经过时。我们明白报纸能以最低的成本发放我们愿意提供的优惠条件。但那些年，我们每天都要邮寄和发放40万本宣传册。

后来，我们不再发宣传册而采用报纸广告。我们获得相同的成果，成本只有之前的三分之一。我们每年花在报纸广告上的费用高达40万美元。就这样，我成为专利药品广告的领军人。

我想在此强调：我提出的方案总是无私的。我始终在为顾客提供服务。任何人都可以毫无风险地尝试我提供的服务。它要么带来超出我承诺的疗效，要么无效退款。那时候业界还没有什么办法能与这样的营销方式匹敌。

在商品推广和营销方面，这是值得考虑的事情：一个人必须通过某种方式超过其他所有人，或是品质出众，或是服务到位，或是条件优厚，又或者通过列出些别人未曾罗列的事实，创造出一种看似优势的优势。仅仅靠吆喝自己的品牌是远远不够的。让顾客买你的货而不要买别人的货违背了原则。一个人必须清楚竞争对手，了解别人提供的优惠，清楚消费者的需求。在确信胜券在握之前，冒险应战是愚蠢的。千万不要欺骗精打细算的顾客。除非你明确知道怎样留住顾客，否则永远不要花钱争取他们。不要低估那些数着钱过日子的老百姓的智商。

我在拉辛市度过了6年半的时间，每天早上7点就开始工作。我们所在的领域是广告业内竞争最激烈的领域之一，我们知道只有多努力一分才能多收获一分。

我每天的工作未因离开办公室而结束。我家里有一台打字机。尽管医药广告是对营销能力的终极考验，但我也只将其视为一类商品而已。所以，我将业务时间用来开拓新的领域。

J·L·斯塔克广告代理公司代理了舒普医生的广告。我跟他们沟通好，他们所有广告的文案都由我来写。拉辛市是一个制造业的中心，所以，我在业余时间开始开发新的企业客户。我从每个客户那里都学到了很多东西。

蒙哥马利-沃德公司是J·L·斯塔克公司的客户之一，我策划并指导他们开展广告推广。我给他们开发的很多营销方案都是全新的。我一贯的主张就是反对将顾客作为一个群体来打交道。例如，曾有个女顾客写信来咨询有关缝纫机的事，她脑袋里想的只有缝纫机，没有其他。通用的方案就是像对待其他咨询者一样，给她寄去一份产品目录。我强调每个咨询者都应被当成来到店里的潜在顾客。于是，我们就准备了一份缝纫机的专门目录，展示不同型号的机器及价格。我们还派发给咨询者一份她附近购买我们缝纫机的顾客名单。我们请她去那些顾客家里看看缝纫机，并跟它们的主人聊一聊。

我在那里做广告的过程中学到了另一个有用的原则。在一次广泛的推广活动中，我们太容易将受众不加区别地视为一个整体。我们尝试到处播种，希望总有些会生根发芽。那样做实在太浪费了，且永远不会带来利润。我们必须针对个体，必须像面对面一样对待他们。关键是关注他们的需求，设想站在你面前的那个人有特定的需求。无论你的业务有多大，都要从每位顾客做起，是这些个体使业务越做越大。

我为J·L·斯塔克公司策划的另一项广告推广活动便是"喜力滋"啤酒。那时"喜力滋"的销量排在第五位。当时所有啤酒厂家那时候都宣扬"纯净"的概念。他们用超大的"纯净"字样，大到占用两版页面。鼓吹"纯净"给顾客的印象如浮光掠影。

我去了酿酒学校学习酿造的学问，但这对我没有丝毫帮助。之后，我又参观了啤酒厂。我看见平板玻璃房里啤酒从管道上滴下来，我问其中的原因。他们告诉我，那些玻璃房里充满了过滤过的空气，因此啤酒得以在纯净的环境中冷却。我看到装满白木浆的巨大的过滤器，他们给我解释了啤酒过滤的过程。他们演示了他们每天如何把水泵和管道清洗两遍，以避免污染，以及如何将每个酒瓶用机器洗上四遍。他们带我参观了酒厂的自流水井，虽然他们的酒厂就在密歇根湖旁边，可他们还是选用地下4000英尺深处的纯净水。他们还向我展示了酒桶，在灌装出售前，啤酒要在大桶里存放6个月。

他们带我去了他们的实验室，给我看了他们的原始酵母，那是经1200次试验才开发出来的，能酿出最佳的口味。用于制造"喜力滋"啤酒的酵母都是从原始酵母发酵出来的。

我颇感惊异地回到办公室，说："你们为什么不告诉大家这些东西呢？你们为什么总是想鼓吹'纯净'，比其他人更卖力？你们为什么不把生产出纯净品质啤酒的工艺说出来呢？"

"为什么要说出来？"他们说，"我们的酿造工艺跟其他厂家别无二致。没有这些工艺，没有人能酿造出好啤酒。"

"但是，"我回答说，"并没有人讲述过这些工艺。去啤酒厂参观的人都会对这些酿造工艺感到着迷，它会让所有人惊叹不已。"

于是乎，我就在广告中描绘了一下这些平板玻璃房和其他生产纯净品质啤酒的工艺。我讲述了一个所有啤酒生产商共同拥有，但却从来没人提起的故事。我对"纯净"赋予了全新的意义。在短短几个月内，"喜力滋"啤酒便从第五位扶摇直上，与第一位平分秋色。那次推广活动至今仍然是我最大的成就之一，它为我以后的广告推广活动奠定了基础。我反复讲述的都是简单的事实，对于所有业内人士都很常见——太常见了。然而，最先利用它们创作出来的文案却会获得与众不同、经久不衰的声誉。

这种情况发生在许许多多产品的推广过程中。厂家对自家产品太过熟悉，对自家的生产方式习以为常。他没有意识到，外界或许会惊叹于这些方式。在他看来，似乎司空见惯的事可能会给他带来巨大的意外之喜。

这是大多数广告问题中都会遇到的情况。该产品没有特色，也没有太大的优势。可能有无数厂家都能生产类似的产品。但是，请把你所做出的努力说给大家听，说一说那些其他厂家觉得平常到不值一提的要素和特色，你的产品就将成为众所周知的代表。如果其他厂家也效仿，那只会帮你做宣传。广告产品中很少有不能仿制的；在某个行业占据主导地位的厂家很少拥有独一无二的优势。他们只是首先提出了某些令人信服的事实。

柯蒂斯出版公司的赛勒斯·W·柯蒂斯先生告诉我一件跟"喜力滋"推广活动有关的趣事。他从没喝过啤酒，从来不允许"啤酒"或"葡萄酒"这样的词出现在《妇女家庭》杂志上。可有一次，他在火车上吃饭时拿了一份《生活》，其中包含了一则"喜力滋"广告。这则广告给他留下了深刻的印象，于是他就点了一瓶啤酒。他想品尝一下这种如此追求纯净的产品。

我在拉辛市的朋友中，有个叫吉姆·罗翰的，他是个小职员。当时他爱上了一个小学老师，但因薪水微薄而结不起婚。不过，他有一个生产孵化器的想法，觉得推广这个想法可以带给他足够的钱来结婚。

我让他把推广孵化器的事交给我，结果我做到了。我阅读过75本孵化器的产品目录和广告宣传册，他们都大同小异。为了让顾客购买产品，所有厂家都把讨好做到了极致。我分析了这种状况，并试图找到一种打开销路的独特方式。

我找到了一个务实的养鸡户，请求他允许我以他的名义写一本书。他是个独立自主的人，一点儿也不关心别人怎么说。于是，我就在书中描写了他。我以他的名义，根据他给我的事实进行创作，但我并没要求顾客买"拉辛孵化器"。我只是告诉人们这个养鸡户的经历。他曾经尝试过各种各样的孵化器，很清楚他们吹嘘的毛病。他决定踏踏实实赚钱，书里讲述的就是他的养鸡方法。他会帮助并鼓励那些紧跟他脚步的人，但他不会同情那些想入非非、不切实际的人。

这一言辞恳切的文案被证明大受欢迎。大多数寻求孵化器的人写信时都会索取五六本产品目录。它们读起来都颇为相似，除了我的那本。我写了一个脚踏实地的人，他更关心如何为大家服务，而不是做买卖赚钱。那些想实实在在赚钱的人自然会以他为榜样。

然而，"拉辛孵化器"的价格很高，导致很多转而来购买的人对比价格之后都望而却步。因此，我让罗翰先生再开一家"贝尔城孵化器公司"，并在那里以变相优惠的方式向顾客提供更低价格的孵化器。

我们对拉辛系列产品的潜在客户进行了为期10天的调查，当发现客户过于抵触时，我们便提供贝尔城系列产品。如此一来，我们便为赢得孵化器买家上双保险。否则，即便我们竭尽全力，也很难赚到利润。事实上，我们已经建立了一个规模相当大的企业。而且据我所知，我们那时的竞争对手后来无一幸存。

我们在拉辛策划推广了很多系列产品，比如拉辛浴柜，又比如拉辛电冰箱。那些推广活动都是很棒的广告案例，因为每个广告都是在胸有成竹的情况下运作的，而且拥有独创性。

拉辛鞋业公司生产优质的皮鞋。该公司位于芝加哥和密尔沃基两地之间皮革地区的中心。那时候，他们的鞋子批发均价为每双2.15美元。我组织了一个自称"拉辛俱乐部"的组织，它仅向俱乐部会员以优惠价格出售拉辛皮鞋。我给出的会员价为3美元一双，送货上门，6种款式任君选择。每双皮鞋的平均成本是2.15美元，平均快递费是35美分。所以，我清楚地知道每双鞋的平均净利润是50美分。不过，俱乐部的会费为25美分，而且没有会员资格就没办法购买。我的广告成本由会员费来抵。然后，我每卖出一双鞋子，都随包裹寄去12份会员证书和皮鞋目录等。任何人只要卖掉12份会员证书，他就可以以每双25美分的价格获得一双鞋子。会员有资格按3美元的价格买一双鞋，另外还有12张价值分别为25美分的会员证书。

我的鞋子3美元一双，而商店里售价为3.5美元至5美元。不过，我只提供给有限的顾客，唯有俱乐部会员可以买。如果我的顾客愿意，他可以把会员证书以每张25美分的价格卖掉。如果他能全卖掉，那么他的鞋子就相当于只花了25美分，即相当于25美分会员费换一双鞋子。我的广告帮我带来了第一批顾客，他们成了我的推销员。如此一来，我做的一点儿广告便为我带来了源源不断的生意。那很快就超出了拉辛鞋业公司的生产能力，订单常常延迟很久。

唯一的缺点是鞋子并不总是合脚，而我也承诺了不合脚可退货。退货抵消了我的大部分利润。不过，我由此发现了一个新的营销视角：不管是直销还是其他形式的销售，顾客都有可能影响未来的收益。

从那时起，我一直在全国各地做零售产品的营销。每种产品我都会先在当地试点。每当我发现一个收益显著的方案，我就告诉其他经销商。这都是我夜以继日兢兢业业的成果。一旦工作起来，我忘记了睡觉。我的所有目的都是找到引导顾客购买的方法。我那时确实找到了不少方法，这些方法成为我后来获得所有成功的基础。

第八章
"立可舒"的经验

在拉辛市那几年的经历，为我积累了专利医药广告的独特经验，并给我带来了广泛的声誉。我做广告的方式别出心裁。大家普遍使用患者的证言和推荐，我却从未使用过；不负责任的吹嘘也很常见，但我的广告却实事求是地说："试试这种止咳药，看看它的疗效如何。它对人体毫无危害，因为它不含鸦片。如果有效，那么咳嗽就会停下来；如果无效，我们就全额退款。有你身边的药剂师签字担保。"

这种诉求的吸引力势不可挡，几乎让人无法抗拒。从那时起，我首要研究的就是如何制造这种诉求。当我们提供的优惠让人没理由拒绝时，便很可能会获得认可。不管条件多么优厚，多么容易被人利用，经验证明当你诚心提供优惠时，极少有人会耍滑头。而当你处处防备时，人们便会本能地绕开你。当你敞开怀抱，说："我们相信你。"别人便本能地不辜负这种信任。我在广告方面的所有经验都表明，普通民众总体上还是诚实的。

在芝加哥有个人，他依靠推销"奥利弗"打字机赚了一笔小钱。不过，打字机并非他喜欢推销的产品。他是一个天生的广告人，一直在寻找合适的产品。

这个人在蒙特利尔建一个工厂时，好些人跟他提到多伦多产的一种名叫"保利牌液氧"的杀菌剂。加拿大的许多机构都推荐并使用它。而且，尽管没做过任何广告，但不计其数的人已经了解并使用过它，且都表示效果明显。

最终，这个人禁不住诱惑，前往多伦多考察了该产品。他找到一款气体杀菌剂，内服也毫无危害。他走访了数百名曾试用过的人，涵盖医院和天主教机构。他觉得机会来了。

他以10万美元购买了该产品的专卖权，然后将其更名为"立可舒"。接下来，他开始做广告找并开展营销。他找到了一个能干的广告人，并与他签订了一年的合同。第二年，他又重选了一个人。4年间，他试用了4名能力曾令他信服的广告人，结果却一败涂地。一切投资于该项目的资金都付之东流。公司债台高筑，资产负债表上的亏损净值约为4.5万美元。这反映出在营销专利产品的领域，大家的经验和能力都极度缺乏。

这位坚强的广告主仍然没有被打倒。他相信自己的产品，且认为必定有某人知道如何获得成功。他说："我们要再试一年，这一次我们一定能找到那个人。"

在第4年的最后一天，他给芝加哥所有在行业内领先的广告代理公司打了电话。他请每个公司都推荐一位他们认为做那一类产品营销最好的人。我当时在那个领域正是营销该类产品的明星，我相信所有公司都提到了我的名字。

他的最后一通电话打给了斯塔克公司，他向对方咨询了同样的问题。刚好，斯塔克先生收到我的电报，他接受了共进晚餐的邀请。正是新年前夜，斯塔克先生把电报拿给他看，说："这就是你要找的人。毫无疑问，其他公司都跟你提过他了。但他的雇主是我的客户。我无能为力，因为我不能损害他的利益。霍普金斯是我的朋友，我绝不建议他考虑你这单没前途的生意。"

对方回答说："如果霍普金斯就是你说的那个人，那他应该有自己的判断。请让我今晚同你们一起用餐，和他见个面。"

那是我与"立可舒"的第一次接触。它的推广者很有魅力，他雄辩的口才几乎让人无法反驳。所以，我尽管不情愿，还是被他说服留了下来，以便第二天再和他面谈。

那是新年的第一天，我本想待在家里。在"立可舒"的办公地，我跟他见了面。那个地方昏暗脏乱，地板和办公桌都是粗糙的松木做的，一个生了锈的圆木炉子烧着暖气，整个工作环境的氛围令人沮丧——公司破产了。由于这样一件事被困在芝加哥不能回家过年，我心里颇为不悦。因此，我们的面谈既不愉快也不振奋。

然而，那个经历了4年失败仍面带微笑重新来过的人，是不会因我的态度停滞不前的。几天后，他到拉辛市找我，然后他让我陪他去多伦多进行为期3天的旅行。我接受了他的邀请，一来是因为和他相处很愉快；二来是因为我正想休个假。

到了多伦多，他为我提供了一辆车和一名导游。3天里，我拜访了很多见证"立可舒"疗效的人和机构。他们给我讲述的是我闻所未闻的故事。到了第三天晚上，我说："我在这里发现了一个不能跟你合作的更大的原因：我还没有足够的能力把这种产品推广到全世界，我还不够格。所以，我请您再次放弃我。"

可是，那个人并不接受我的拒绝。过了几天，他再次来到拉辛，我们就这个项目聊了整整一夜。直到凌晨4点，我终于被他情词迫切委以重任的论述触动，接受了他微不足道的提议。

我没有工资，因为公司没有钱支付工资。抵付我工资的是这个濒临破产的公司四分之一的分红。我就要离开漂亮的办公室，去坎齐大街坐在一张松木桌前上班；我就要离开我的朋友们，去跟陌生人打交道；我就要把密歇根湖畔的酒店公寓换为芝加哥的一间月租45美元的公寓，我妻子不得不去挣钱养家；为了节省车费，使我的储蓄得以保存，我要步行去往办公室；我有一辆蒸汽汽车是拉辛市的第一辆汽车，也是我业余生活的主要乐趣，我也不得不离它而去。

朋友们为我举办了告别聚会，但他们所有人谈论的都是我愚蠢的决定。他们选出一个代表团，跟我一起去芝加哥，想一直劝我改变主意。我最亲密的那个朋友跟我断绝了关系，他说良好的判断力是成为他的朋友的首要条件。

我相信很少会有人在众叛亲离的情况下还进行商业冒险。但我在此想说的是，我生命中的每一项重大成就都是在反对声中实现的。每当我向上迈出一步，或是向更多的幸福和满足前进时，我的每位朋友都会出面阻挠，也许是因为他们太自私，希望我跟他们在一起。

我遇到过其他比金钱和生意更重大的危机。我总是被迫独自面对它们。我不得不自己拿主意，并且总要顶着巨大的反对声。我生活中的每次重大决定都会被朋友嘲笑和反对。可我所取得的重大收获，无论是幸福、金钱还是满足，几乎都是在不被看好的情况下实现的。

我的理由是这样的：普通人难以成功。我们都会发现，很少有人能实现人生目标，也很少有人能真正感到快乐和满足。那么，我们为什么要让大多数人左右我们人生呢？

我的人生足够成功，家庭幸福美满，生活也十分充实。如果我当初听从了朋友的建议，这些福分恐怕我一个也得不到。

鉴于此，我从来不给他人提意见。我们有自己的生活，有自己的事业。我们无法衡量他人的欲望和能力。有些人心理薄弱，关键时刻的丧气话可能就会改变他们的整个人生。而那个说出那些话的人便要承担这个责任。我可不想没事儿找事儿。做广告让我们了解到，我们的判断多么容易出错，即便在我们最熟悉的事情上也不例外。当我们试图提供建议时，我们几乎无法做出正确的判断。

就是在上述情况下，我介入了"立可舒"。我在玩的是一场绝望的比赛，因为4年间4个广告人都一败涂地。然而，话虽这么说，我却把全部赌注都押上了。

我每天夜里在林肯公园徘徊，试图策划一个方案。我依然坚持原有的观念：只要服务比他人更好，优惠比他人更多，你就必定能马到成功。

这天早上，我来到办公室，说："我有了一个可行的想法。让我们来支付第一瓶药的50美分。然后，对所有接受赠品的顾客承诺，他们一次买6瓶售价1美元的药我们就提供疗效担保。我们来支付第一瓶药的钱。如果这个测试可行，我们便可以全面推广。"

我的同事感到震惊，他说："我们现在都破产了，你的方案会让我们雪上加霜。"

不过，我还是获准在十几个伊利诺伊州的小城市试行我的方案。我们提供了50美分一瓶的免费试用品。我们向前来咨询的每位顾客发一张当地某药店的订单，并告诉对方："这瓶药我们来支付。"

然后，我们向每位咨询者发放一份疗效担保书，另外还提供买五赠一的优惠。药剂师会在疗效担保书上签字。如果那6瓶药被证明无效，我们就全额退款。

想想看，这样的条件多么不可抗拒。一瓶50美分的免费送，花5美元就确保疗效。"只要对药剂师说您不满意，您的钱就不加争辩地退还。"

我的主张任何人都没理由拒绝，因为大多数人都是明白人。我知道，大多数有需求的顾客都会接受它。我们的条件势不可挡。

我们在这些试行城市发现，赠品的成本是每瓶18美分。我们等了30天后，发现平均每瓶赠品带来的销售额是90美分。我们的销售利润在广告账单到期前就足够支付广告的费用。而且，针对疗效担保书提出的索赔不到销售额的2%。

我从合作的药剂师那里获得了这些数据的报表。然后，我们在每座城市选一位知名药剂师，把这些报表寄给他们。我还列举了其他专利药品的相关销售数据。我还附寄了一份合同，详细介绍了即将开展的广告推广活动，并承诺介绍每位索要免费赠品的人去指定的药剂师处买药。条件就是药剂师要下一张订单，其订购的总额须足够支付广告费用。对他们来说，订购的产品绝对是见所未见的，但我们拿到了这些人的订单，全都是邮寄过来的，总额超过了10万美元。接着，我们带着订单去找广告代理商。我们说："我们没有钱，无法支付您的1.6万美元广告费。然而，我们手里有各大药剂师寄来的总额为10万美元的订单。我们把相当于广告费的部分订单转给您吧。这是把该付的广告费偿还给您的唯一也是最保险的法子。"

经销商接受了我们的提议，因为他们别无选择。他们对我们行之有效的广告没什么概念，认识不到我们的定位。他们展开了广告推广活动，结果跟在试点城市的情况一样好，好消息自各地传来。第二年，索取免费赠品的人超过了150万人。每瓶赠品的平均成本都是18美分，跟试点城市一样。每瓶赠品带来的销售额是91美分，比试点城市略高一点点。

我加入"立可舒"是在2月。当时我们的公司没有钱，只剩下支付房租的钱。在第一个从7月1日开始的财年，我们的净利润是180万美元。第二年，我们进军欧洲，设立了伦敦办事处。在那里，我们聘用了306名员工。我们还在法国建了一家工厂，在巴黎准备了一间极其高雅的办事处。两年后，我们的广告就采用了17

种语言，世界各地都有"立可舒"在销售。

杀菌剂市场变幻莫测，总有新款产品来抢占旧款产品的市场。我们认识到了这一点，所以我们要赶快行动。仅3年，我们就送出了500万瓶50美分的赠品。我们就这样趁热打铁，乘胜追击。"立可舒"至今还有市场，而且仍然有利可图。

成功的秘诀究竟是什么？首先是放弃安稳、挑战未知的胆量；其次是为每位寄回优惠券的顾客买50美分的赠品；再次便是保证疗效。我们对自己的产品有信心，对顾客也有信心。一路走来，凡是被问到的人都说我们鲁莽。商务主管和商务顾问都对我们的做法嗤之以鼻。

我知道，还有其他进行广告与营销的方式，但它们既耗时又难于把握。要别人为你担风险，你就得拿出拼命的架势；而你来为别人担风险，那做起来就简单了。

我总是为他人来担风险。我会先分析自己的主张，直到我确保对方在交易中获得最大利益。于是，我的身上就有了一些人们不能忽视的东西。

我也曾损失过很多钱，但那些钱不到强制执行万无一失的销售主张的成本的十分之一。现在，大多数排名靠前的商家也都得出了相同的结论。在这些商家购买任何商品都享受退货服务，甚至邮购商品也可以退货。无数的广告主都将商品提供给新顾客试用，他们说"试用10天"或"看看此书"或"送你10根雪茄抽抽看"。在这种几乎普遍存在的发展趋势下，不愿承担风险的商家将举步维艰，即使他能做到最好，其销售成本也得增加两三倍。

第九章
广告代理之职业生涯伊始

我在"立可舒"度过了5年——艰辛的5年时光。我奔走往来于国内外的办事处之间。每个地方都会有新问题等着我去解决。

在巴黎的一个晚上，我打电话请一位名医给我看看病。他告诉我，我的精神压力太大了。他说："回家休息是唯一可以救你的方法。"

"我没有家可回。"我说，"我常住酒店。这家酒店跟其他酒店没什么区别，所以我干脆就待在这儿。"

然而他坚持让我换换环境，于是我就想起密歇根州斯普林莱克的一片果园，小时候我常常在那里干活儿。我记得那里有一个叫罗伯特·菲利斯的人。我听说他在那儿建了一家酒店，于是我给他发了电报，说我想在他那儿待上一段时间。

在纽约时，我收到了他的回复。他那家酒店已经拆了，但是他还有几间装修得整整齐齐并可以满足所有需求的农舍，"你只需拎包入住"。

因此，我寄给他支票订了一间农舍，随后便带着行李去了。3个月的时间里，我所做的就是晒太阳、睡懒觉、玩乐和喝牛奶。之后，我回到芝加哥，下定决心抛开那些毁了我健康的打拼，好去过一种安逸平静的生活。我邀请了一些朋友来参加我的告别生意的午宴。在宴席间，我是最快乐的人。我打算接着忙，但我未来的工作图名不为利。

在第二道菜上来的时候，有个年轻人走到我们的餐桌前。他说："洛德暨托马斯公司的A·D·拉斯科先生请您今天下午给他打个电话。"

我知道这意味着什么。正如我所想的那样，这意味我将再次成为事业的奴隶，精神紧张，费心费神，身体不适；这意味着我将夜以继日地提供服务，帮他人找到赚更多钱的方式。

我转过身，面向在座的友人，说："拉斯科先生不该这样做。我已经发挥完我的作用。我会去看看他，因为我尊重他，但他再也不能诱使我进入广告业的旋涡。"

我信守承诺去见了拉斯科先生。他递给我一份来自万·凯普包装食品公司的合同，价值400万美元，前提条件是提交一份让万·凯普先生满意的广告文案。

拉斯科先生说："我在全国各地找文案。这个是在纽约找到的，这个是费城的。我花了数千美元，就是为了找到最好的文案。你看，结果就是这样。你和我都不可能将这样的文案交上去。现在，请你帮帮我吧。只要你给我3个广告文案，将这个活动搞起来，尊夫人便可以到密歇根大道任选一款汽车，并记在我的账上。"

据我所知，没有一个普通人能够扛得住阿尔伯特·拉斯科的劝说。他已经掌控了在这个世界能够掌控的一切。总统都说自己是他的朋友。他想要得到的东西，还没有得不到的。

因此，我尽可能地按照他说的做了。当天晚上，我就去了印第安纳波利斯。第二天，我开始让调查人员了解有关猪肉炖菜豆这道菜的情况。我发现，94%的家庭主妇都在家里做这道菜，仅6%的主妇能接受猪肉炖菜豆罐头。然而，所有猪肉炖菜豆的广告商都只是在大喊"买我的品牌"。

我开始展开一场反家庭烘焙的运动。当然，我展示了工厂烘烤的样品。我告诉大家在家里炖熟豆子要花费16个小时，解释了为什么家里烘焙的豆类不容易消化，描述了家庭自制豆子的样子：上层豆子烤干了发脆，下层豆子水分太多成糊。我告诉大家，我们的豆子如何选出来并使用软化水在蒸箱内245摄氏度高温下烘烤数小时。之后，我提供了免费样品进行比较，结果取得了巨大成功。

过了不久，其他厂家也跟了我们的风，我们的产品遭遇替代产品。我们的竞争对手试图通过持续不断的宣传来抢占市场。他们的广告直白地说就是："把你想给别人的钱给我。"对这一类诉求，消费者根本没当回事儿。

我策划了新的广告标题——"大家也请尝尝其他厂家的产品吧"。我鼓励人们购买我们建议的一些其他品牌，并将其与万·凯普牌进行比较。这样的诉求赢得了胜利，超过了其他厂家。如果我们确信自己产品与其他品牌比较有足够的优势，那么人们必定会购买我们的产品。

这是另一个需要我们考虑的重点。一味夸耀你自己的一切优势，人们就会产生强烈的抵制情绪。但如果你表现得似乎毫无私心，只是为顾客着想，那他们自然会涌向你。

做广告最大的两个忌讳便是自夸和自私。人一旦成功了，便容易本能地炫耀自己所取得的成就。他可能会在晚餐的餐桌上跟那些碍于情面不便离席的朋友吹嘘，但他不能在纸面上炫耀。不付出合理的代价，消费者也不会接受他们一切自私自利的主张。如果你跟消费者说一切都是为他们好，他们便会自愿倾听。如果他们感觉你总是在标榜自我，他们永远会对你不理不睬。这一点很重要。我认为，有90%用于广告的费用都因为给消费者留下了自私的印象而白扔了。

即便在今天，大多数广告仍基于这种请求——"请买我的品牌"。这样的请求永远不会吸引来任何人，也永远不会吸引人。没有杂货商会说："来我家买，别去旁家。"就算他头脑简单，也绝不会说那样的话，但他会提供一些优惠。然而，无数广告商今天仍然花钱在印此种广告。

"我家的是正宗的""要买就来买真货"，所有这些都是简单的变相请求，意思就是"把你想给别人的钱给我"。它没有任何效果。我们所有人都有太多自己的事情要考虑，而无法顾及他人。如果一个人不愿意在无私的基础上争取人们光顾，那么这个人在广告或销售领域便难成大器。你和我都不会把自己的利益拱手让人，那么就不要指望别人多么乐善好施。

请让我用万·凯普公司的案例说明一些常见的误区。有几位年富力强的广告人策划了几篇令人佩服的文案。可是，他们全不明白问题出在何处。如果他们曾挨家挨户推销过，明白家庭主妇的想法，那他们大概就会得出不同的结论。但那样做确实太麻烦。他们所服务的广告主并不比他们了解情况。他们只是想着用有趣的文案让广告主觉得他们相当不错。然而，他们根本过不了A·D·拉斯科这关。拉斯科先生很务实，他清楚除非把产品销售出去，否则一时被广告主青睐对所有问题毫无帮助。所以，他竭尽全力找到了那个能把产品推销出去的人。

让我在此暂停一下，强调一个不受重视的事实。取悦了一个对消费市场知之甚少的人，你可能能获得一时的机会，但你牺牲了所有实际的东西。分析到最后，我们会发现，广告主是为了做生意，而不是为了推广他们的理念。他们的理念在利润未能显现的那一刻便烟消云散。

我从来不与客户交朋友。在我的人生中，我从未得到过哪个广告客户的同情。不过，我尊重他们的立场，因为他们像我一样，渴望宣扬自己的成就。但他们只代表卖方，而我必须代表买方。两者的观点往往有天壤之别。

万·凯普猪肉炖菜豆打出了独特的广告。他们的产品其实跟其他品牌的猪肉炖菜豆一样。我们曾在工厂里品尝了六七个品牌的猪肉炖菜豆，在场的人都搞不清哪个是万·凯普公司的。

然而，我们宣传的事实从未有人提及过。我们告诉消费者，万·凯普使用的菜豆出产自特殊的土壤，优质菜豆只能在那些地方种植。我们告诉消费者，万·凯普使用的西红柿是在藤蔓上自然成熟的，品种是利文斯顿石头西红柿。所有的竞争对手也都用过它们。我们告诉消费者，万·凯普公司如何对每批菜豆的品质进行把关，事实上所有罐装食品厂都必须这样做。

我们提到了我们的蒸汽炉，菜豆要在245摄氏度下烘烤数小时，这其实是罐装食品的常规做法。我们提到了我们如何用软水煮菜豆，这样做可去除氧化钙，菜豆的皮就不会太硬。我们的竞争对手也这样做了。我们配上菜豆的图片，颗粒饱满，无焦皮，内部粉沙状。我们还将蒸汽炉炖熟的菜豆与家庭烘烤的进行了对比，家制菜豆表层焦皮，底层水乎乎的。我们解释了家庭烤箱烤出来的豆子不易消化的原因：在家庭烤箱里加热时，菜豆发酵了。而我们在密封容器里烘烤，保留了菜品原来的味道。

我们所描述的，每个竞争对手都可以效仿，可其他厂家都觉得这个情况太常见了，不值一提。

后来我注意到，城中上班的男士都会在午餐时点猪肉炖菜豆。这些菜都是食品厂烤出来的。显而易见，这些人跟我一样，都喜欢吃食品厂烤出来的而不喜欢家里烤的。

于是，我们让人将万·凯普猪肉炖菜豆供应给饭店和快餐馆。很快，就有数千个就餐场所在午餐时供应我们的产品。我们把这件事进行了宣传，提到了就餐场所的数量，估算出了每天吃万·凯普猪肉炖菜豆的人数。于是，家庭主妇们就开始走心了。

家庭主妇们准备不再在家烘烤菜豆，毕竟这是一个既耗时又费力的活儿。我们便撺掇那些家庭主妇，也就是那94%的主妇，教她们如何轻松摆脱烘烤菜豆的苦日子。我们提到并用图片展示了家庭烘烤与工厂烹饪的差异，还告诉她们有多少在城里上班的男士在午餐时点这道菜。

在这方面，我们有自己的优势。我们做的菜豆要比任何主妇在家烤的好吃得多。不过，我们做的菜豆并不一定比我们的竞争对手做得好吃。所以，我们着力攻击家庭烘烤菜豆的弱点，让大家觉得万·凯普是唯一的解决之道。我们不仅制造出了巨大的市场需求，还使万·凯普品牌的价格比竞争对手的高出很多。

万·凯普又开始做脱水牛奶，先在一个工厂生产，后来投入七八个工厂。万·凯普想做广告，但我们建议他先不要做。脱水牛奶是一类标准化产品，需要符合政府要求的标准。没有任何厂家具备或宣称具备对于天然或标准化的产品有某种优势。有人可能会说："买我的蛋，因为我的蛋产于希尔赛德农场。"这里可以是黄油，也可以是猪油。为了让消费者忠于某一品牌的生活必需品，比如某品牌的面粉或燕麦片，或者其他类似的生活必需品，数百万美元都被白白浪费。对于这些产品，所有厂家只能说："买我的品牌，把你想给别人的钱给我。一定要让我得到你的钱。"这些都不是受欢迎的诉求。

我对脱水牛奶的情况进行了分析。我发现，某些品牌的脱水牛奶，不管做过广告与否，都主导或占据了某些市场。它们无法被替代，因为它们已经在特定市场主导了很多年。唯一的解释大概就是，它们是消费者熟知的品牌。家庭主妇们自然会持续购买她们熟悉的品牌。

因此，我设计了一个让万·凯普牛奶成为人们熟知品牌的方案。在整版的广告中，我插入了一张优惠券。持券人可在任一商店兑换1罐10美分的万·凯普牛奶。之后，我们照零售价付给杂货店。我们连续3周预报这则广告即将见报。与此同时，我们讲述了万·凯普脱水牛奶背后的故事。

我们将广告的副本派发给所有的杂货店，并告诉他们光顾杂货店的每位顾客都将收到这样的一张优惠券。很明显，他们必须备足万·凯普牛奶。每张优惠券都意味着10美分的销售额，如果他们错过了，就把机会让给了竞争对手。

结果就是，我们的产品迅速赢得了广阔的销路。在几个中等规模的城市，我们证实该方案可行。随后，我们选定了纽约。在那里，市场由一个竞争品牌把持，万·凯普略有销量。通过给杂货商写信，我们在3周内就获得了此地97%的市场份额。杂货商都意识到充分备货的必要性，都为优惠券将带来的市场需求做好了准备。

与此同时，我们在报纸上宣布优惠券即将登出。我们告诉家庭主妇们这种牛奶有何种优势，并努力让她们放弃瓶装牛奶，改用脱水牛奶。

接下来，在周日的整版广告里，我们插入了优惠券。这还只是在大纽约地区。这则广告送出了146万张优惠券，而我们向杂货商支付了14.6万美元以兑换它们。不过在短短的一天时间内，就有146万家庭在读了我们的故事之后便开始尝试万·凯普牛奶。

　　整个活动的成本，包括广告在内，一共是17.5万美元，其中大部分都是永远兑换优惠券的。在不到9个月的时间里，广告的成本就回来了，还带来了利润。我们占据了纽约市场。自那以后，万·凯普一直都以巨大的年销售量主宰着纽约市场。

　　请将这种推广方式与挨家挨户分发样品的方式进行比较。分发样品时，你提供的东西是消费者觉得无用的或不被他们需要的。这不能为产品树立起声望，而且随意派发样品还会让产品掉价。杂货店不用提前备货，而杂货商还会因你免费派发他们销售的东西而感到被冒犯。

　　根据我们的方案，杂货商必须有充足的库存。要想得到样品，主妇们不得不做出一些努力。假如没阅读广告，她将不会知道这种牛奶可获赠样品。如果她出示了优惠券，那是因为广告激发了她对产品的需求。杂货商在销售上获利，自然心生喜悦。主妇们在用完样品之后会发现很容易买到万·凯普牛奶。由此，我们便抓住了市场，并占据了它们。随意派发样品的厂家很难给消费者留下深刻的印象。这就是只讲形式与真正如你所愿之间的差别。

　　很少有脱水牛奶厂家能够实现全国分销，因为它们没能力生产足够多的牛奶。因此，解决问题通常要靠发展当地市场来消化新增的产量。

　　当我们的竞争对手也采用相同的样品方案时，我们便不得不另寻他法。到那个时候，数以百万计的家庭已转用脱水牛奶，其每年的销量达到了2400万件。这时候的主要问题是如何建立一个被大家熟知的品牌。

接下来，在我们企图拿下的新城市，我们以一份神秘礼品作为优惠条件。我们的策略是，如果家庭主妇给我们6张万·凯普牛奶罐的标签，我们就给她一份礼品。又或者，我们在杂货店的橱窗里堆放礼品，但不告诉大家里面是什么。凡是购买6罐万·凯普牛奶的主妇都可以得到一件。

好奇心是人性中一个重要因素，尤其对女性而言。如果说出礼品具体是什么，那么有些人会认为想要，而更多的人会觉得无所谓。但人人都想得到一件神秘的礼物。

在这样提供优惠时需要考虑一些问题。礼品一定不能让人觉得失望，它应该比主妇们所期望的更好一些。此外，提供这种优惠要做得不露声色。

这种优惠的目的是诱使无数女性购买6罐万·凯普牛奶。虽然她们支付了正常的价款，但收到了一份礼品，这样算起来还是有吸引力的。礼品的成本要高于我们的销售利润，但是牛奶需要每天消费。为了抓住新顾客，成本再大也几乎不用限制。6罐装万·凯普牛奶成为一个消费者熟悉的品牌。顾客已经了解了有关万·凯普的所有产品信息，对它的品质充满期待。所以，每当需要买牛奶时，她就会选择万·凯普。我们以这种方式拿下并占据了许多大市场。

读者可能会说这只是通过样品吸引顾客，它是有计划的推销花招，并非我们所知道的光明正大的广告。我对所谓的光明正大或正统的广告并不认同。我们努力做生意就是为了获利。世界上最优秀的辞令，如果不能让消费者付钱，那就什么用也没有。每年数以亿计的美元就被浪费在这上面。

我想售出我卖的东西，并且以盈利的方式售出。我想要的是成本和收益的具体数据。广告人可以扮演艺术家或者天才的角色，但很快就会被商家们看透。据我所知，那些尝试过这个计划的人无一例外都挂了。然而，一切以收益为导向、务实的广告人却永远都不会失去他的魅力。

我们有时遇到一些人，他们的想法集中在一些并非必需的东西上。他们在某些方面往往颇有成就，想炫耀自己的成就。如果我们愿意做点儿牺牲，可以轻易用实用的想法取悦他们，因为对他们来说做广告就像走迷宫。可如果那样做，你就必定会一败涂地。经商的最终目标是利润。倘若迎合其他任何的目的，你很快就会发现自己名誉扫地。

我失去过很多客户，就因为我反对在广告中为某些机构扬名，或者拒绝在广告中炫耀一些个人的成就。但我总是发现，寻求利润的人还是占了绝大多数。人们都在挖空心思求财。发现这些赚钱的方式，找到推广它们的方法，你便搞定了10倍于一个人可以做的工作。那并非创作文学作品，也并非创作让你的女性朋友说"那太棒了"的作品，而是实用的销售策略。大家欣赏的都是脚踏实地搞营销的人。

第十章
汽车广告

在1899年，我创作了第一个关于汽车的广告，那上面涉及的是一辆在密尔沃基制造的蒸汽汽车。我的广告宣传册上的标题是"王者的运动"。我的那款汽车是当时拉辛市的第一辆汽车。我第一天上路花费了300美元，因为车子惊到了出租的马车，也遭受了其他的种种损坏。

我是司机兼修理工。这辆车发动起来需要30分钟，我们不得不准时把车发动起来，不然就别指望赶上火车了。不仅如此，与让车持续行驶相比，把车发动起来只是个小问题。倘若我们驾车开出10英里不出故障，便会吹嘘自己创造了一个纪录。我们把车开到密尔沃基——大约有25英里——就直接去车厂修车，当天很少能返回。

每开10英里，我们就要停下来加水。接着，我们要时刻观察水位表。汽车行驶时不停地抽水，但是它在路上的行驶速度太慢了，导致供给锅炉的水常常不足。我们的座位就在锅炉的顶部。

我记得有天晚上在泥泞的路上，看到水位表的水位下降了，我们知道锅炉随时可能爆炸，但我们还得继续开，以缩短我们步行回家的路程。在漆黑一片的晚上坐在锅炉顶上，一面担心它不知什么时候就炸了，一面要考虑前面要如何步行走过漫长的泥泞道路，这并非什么愉快的经历。

不过，这种经历却使我成为一名汽车爱好者。从那时起，我大约已经为20款汽车创作了成功的汽车广告。

我在洛德暨托马斯公司工作不久，休·查尔默斯便购买了托马斯-底特律汽车的产权。他找我来咨询。查尔默斯先生是个了不起的人，据说他在国家收银机公司效力期间曾是美国收入最高的销售经理。我从他身上学到了很多推销技巧。我和他后来在一起共事多年，一直未产生意见相左的情况，我对此颇感庆幸。

那时候做汽车广告遇到的问题与现在多有不同。多年以来，情况一直在变化，就像万花筒一样。广告人必须保持拥有充足的信息，这样才有可能拨动消费者的心弦。

霍华德·E·柯芬是当时查尔默斯公司的总工程师，我将他作为推广活动的人物。你们会注意到，我会尽可能地在推广活动中注入一些个性化元素。一直以来，这都被证明是一个令人印象深刻的好主意。人们喜欢与那些有突出成就的人物打交道。我发现，他们宁愿了解有突出成就的人物，也不愿去了解一个没有灵魂的公司。在广告活动中推介一位有名字的专家，表明这是一个具有独特能力和突出地位的人物。他可能在一开始并不为公众所知，但当厂家把他作为专题人物推出时，人们便会给予他尊重。

他很快就会声名远播，接着他的姓名将成为具有重要价值的特殊卖点。我第一次见到霍华德·E·柯芬的时候，他还默默无闻。广告给予了他突出的地位，第一次世界大战期间他曾是航空器委员会的负责人。

出于某种类似的原因，人名通常比硬造一个名字印在产品上要好，也远远胜过使用商标。它把赞助商定位为一个以自身创造为荣的人。此外，让一个人有名也远比让机构有名更容易。想一想，名人效应在戏剧、电影和出版等领域的作用。商品营销与此一样。

在汽车行业发展初期，凯迪拉克和查尔默斯两个品牌的汽车售价大约都为1500美元。凯迪拉克的声誉很高，而且它的汽车以气派著称。但是，霍华德·E·柯芬形象的树立使查尔默斯汽车异军突起，获得了巨大成功。

在推广期间我们遇到了各种状况，但每次都能果断应对。我们发现，越来越多的人觉得汽车是一个暴利行业。针对这种情况，我们用广告标题来宣称"我们的利润仅9%"。随后，我们透露了许多隐藏部件的实际成本，总额超过700美元，这还不包括显眼的部分，如车体、内饰等。

这便引出了做广告的另一个要点，即越具体越有优势。稀松平常的套话和笼统概括的言辞给人留下的印象就像蜻蜓点水。"全世界最棒的""从长远来看最便宜""最经济实惠"，等等，这些广告词不能让人信服，消费者对此类说法早有心理预期。连审查最严格的杂志都觉得那只是一个推销员用来博人眼球的绝招。那并不是欺骗，仅仅是夸张罢了，权当他们在虚张声势。这可能弊大于利，因为他们显得含糊其词，还可能导致不管你说什么人们都会半信半疑。

不过，当我们拿出具体而明确的说法时，当我们说出确切的数字或事实时，表明我们所说的话经过权衡，经得起仔细推敲。我们不是说出真相，就是在撒谎，但人们不太可能认为大公司会撒谎。他们很清楚，我们不可能在著名的报刊上说假话。所以，我们的那些说法会得到充分的信任。我还会在其他地方再详细讲述具体明确说法的优点。

哈德逊公司是查尔默斯公司的一个分公司，查尔默斯先生也参股了。之所以成立哈德逊公司，是因为查尔默斯公司在销售方面人满为患。霍华德·E·柯芬跑去了哈德逊公司，我就把他作为要推广的人物。此次，我们做了更多尝试。我们把包括48名工程师的理事会的照片和工程师们的姓名都刊登了出来。我们将哈德逊公司宣传成一个卓越的工程技术公司，符合时代的潮流。那时候，汽车制造还不完善，故障很常见。一般顾客考虑得最多的就是制造工艺，而不是其他因素。通过这种博人眼球的方式，我们让哈德逊成为这一因素的代名词。

事实证明，它为哈德逊的发展奠定了坚实的基础。一直以来，哈德逊汽车都很成功，如今依旧如此，其大部分原因就在于我们在公司早期为其打下的基础。我给哈德逊汽车做了7年的广告推广工作，后来让我的徒弟接手，他继续采用非常相似的策略。

越野车的故事就像小说一般。在纽约州的埃尔迈拉，约翰·威利斯先生经营着一家名叫"埃尔迈拉武器公司"的商行，卖的是自行车。后来，汽车一出现，它便取得了越野车的代理权，当时越野车在印第安纳波利斯被生产制造。

那时，越野车是少数令人满意的汽车中的一款，卖出一辆又一辆，直到埃尔迈拉地区的市场需求远远超出供应。威利斯先生接受预订并收取了定金，并将定金汇到了印第安纳波利斯。然而汽车却未能及时到货。所以，他亲自前去印第安纳波利斯了解情况，并在周日早上抵达。他在酒店跟越野车的负责人碰了面，得知他们破产了。威利斯先生到达这里前一天晚上，公司就发不出工资了。他们还欠了4.5万美元债务，没有能力偿还。威利斯先生没办法退定金，便寻求一种获得汽车的方式。

他说："如果你们破产，你们就没办法做生意了。"

"没错。"他们回答说，"我们不做了。"

"那么，假如我可以继续做下去。"威利斯先生说，"你们愿意将债务和所有的一切转给我吗？"

他们说愿意。拖欠的工资是450美元。威利斯先生马上开始筹款，他从酒店职员那里借了一些钱，再加上自己那仨瓜俩枣。第二天一早，他将工人们召集起来，支付了他们应得的工资。之后，他说："赶快组装好一辆车。找到所有的零件，而且要快。我们必须筹集更多资金。"

他们的确组装出了一辆汽车。威利斯先生将这辆车运送到了宾夕法尼亚州阿伦敦市的一个朋友那里。随后，他还寄去一封信，内容大致是："亲爱的阿尔伯特，我发给您一辆越野车，并且附上了即期汇票和提货单。你有必要买下这辆车，因为我已经把汇票兑现并且用掉了这笔钱。"

"亲爱的阿尔伯特"确实接受了它。然后，他们组装了更多的汽车，并以同样的方式发货了。每5辆车中大约有4辆被卖掉。随着市场需求的加大，融资问题迫在眉睫。

威利斯先生带着他那有名的独一无二的微笑去找债权人。他说："如果您关停我们的工厂，那您就什么都得不到了，因为我们什么都没有。但如果您能给我一次机会，我会竭尽全力支付给您每一美元欠款。"债权人接受了这个建议，因为他们别无选择。

威利斯先生筹集到了更多的钱——很少——继续生产。不久，预售出的车辆超出了工厂的产能。眼见没时间建造更多的厂房，所以他搭起了帐篷。我确信，他那一季就赚了36.5万美元。

我不敢确定这些数字是否准确，因为我是靠记忆来讲述这个故事的。不过，那些关键数据都是正确的，也能说明问题。

接下来，威利斯先生决定回到埃尔迈拉并在那里建一座工厂。那儿是他的老家。一天晚上，他正在刮胡子，准备坐火车出远门。就在这时，托莱多市的代理商打来电话。他说托莱多市有一家叫波普–托莱多的工厂破产了。他还说："你快来看，你会发现这家工厂设施完备。仅工厂里的钢材和零部件的成本就高出了他们要求的价格。"

结果，威利斯先生就在托莱多下了车。第二天，他到工厂转了转，便到纽约将工厂买下了。收购后的第二天，他便坐船出发去了欧洲。从欧洲回来，他发现公司卖掉钢材的收入远远超过了收购工厂的成本。

正如我之前所说，这个故事讲得可能不太准确，但是它很能说明我的主张。故事的必要部分都摆在那里。

接下来的销售季，我开始为越野车做广告推广工作，那是他们做过的第一个广告。我分析了当时的情况，找到了最具吸引力的卖点。可是，我搜集到的所有数据都不能像故事一样吸引我。因此，我的第一个广告便是"奇妙的越野故事"。我在广告中说到了用户的需求如何引导约翰·E·威利斯承诺供货，需求如何持续增长，以至于有必要支起帐篷来生产。

这再次让我们注意到做广告的一项原则。消费者就像绵羊，他们不能做出自己的价值判断，这也包括你和我。我们对事物的判断在很大程度上会依据其他人的印象，或是依据人们的偏好。我们都喜欢随大流。所以，我在做广告的过程中发现，最管用的东西就是人群的趋势。

这是一个不容忽视的因素。人们都跟随潮流与风尚。我们很少自己做判断，因为我们不了解很多事情。但当我们看到一大群人选择了某个方向，我们便更倾向于去跟着他们走。

我在广告中展现了人们如何前来购买越野车。我讲述了市场需求如何让一家破产的企业重新恢复生产并有了偿债能力，接着它又如何创造出一座帐篷之城。这样的展示引导人们去思索，结果他们便顺应潮流。越野车当时变成世界上最畅销的汽车之一，和今天一样。

利奥汽车曾有一段糟糕的销售季，其当季生产的汽车几乎完全滞销，下一销售季的前景也不太明朗。我曾被召去应对这一紧急情况。处理紧急情况一直是我在广告这一行业的主要工作。天空明朗、海面平静的时候，几乎没有人会打电话给我；而一旦进入正轨，几乎每位客户都不用我了。

这当然也有我的一部分责任，因为我喜欢紧急状况。我更愿意做个领航员，而不是一个船长。当广告之船驶入安全航道，我便失去了对它的兴趣。这时候工作变得单调乏味，我随时准备下船去登上另一艘船。

另外，总是沿用一种方式做广告，也会让广告主感到乏味。他以为公众把他的故事读了太多遍，所以他也希望有一些改变。

我永远不会赞同这个观点。当我发现一条看似正确的路径，我自然希望总是保持下去。可能还有其他通往成功的途径，甚至会获得更多的成功，但找到的机会比较小。为任何产品做广告都一样，通往成功的途径并不多。当某种方式被证实有利可图时，我不会弃之不用，除非发现并通过试点验证得到一种更好的方式。将一种产品推销给数千人的最佳方式可能就是把它推销给另外数千人的最佳方式。

依我看，每个广告都应该讲述完整的故事，它应该包括一切有价值的事实和论据。我觉得大多数人针对一个故事仅会阅读一遍，如同其读新闻报道。我也明白，他们没有理由再读一遍。因此，我希望他们在第一遍就读到每一个令人信服的事实。

对翻阅所有广告的人来说，任何完整的故事读了一遍又一遍，必然会觉得单调乏味。它也会使撰稿人感到厌烦。创作者和

197

读者都渴望一些改变。

我研究了利奥汽车的处境，接着便考虑应对之法。R·E·奥兹先生是利奥汽车的制造者，他是首批机动车制造者之一。我考虑了那个事实，现在的不利处境，以及所有影响到利奥汽车的行业竞争案例。困难的条件要求采取有效的措施。

过了几天，我回去告诉奥兹先生，我会采取行动，但要答应我3个条件。第一个条件是将新款汽车命名为"利奥五世"，一来是为了给出一个与众不同的名字；二来是为了强调本公司出了新款车这个事实。

第二个条件是奥兹先生要签署广告。那是为了充分利用他的声誉来获得积极效果。我告诉他，我创作的广告将会让他为在上面署名而自豪，因此他同意了。

最后一个条件，我跟他约定，他必须称这辆车为"我的告别款"。那是为了显示出一种终结性和他的成就感。可是，他回答说："我并没打算就这样退休。"我说那是没关系的。莎拉·贝恩哈特做过七次告别巡演，他也可以告别两三次。

因此，我们推出的广告标题为"我的告别款"，署名为"R·E·奥兹，设计师"。广告文案中刻画了一个典型的人物，他一路艰辛、阅历丰富，却不忘初心；他世事洞察，凡事尽可能做到最好，不计代价。他对声誉的重视远远超过利润。

该活动从一开始就获得了巨大的成功。"利奥五世"成为当年最引人注目的汽车。一个新的时代降临于利奥公司，使其一直持续发展成为这个领域最殷实、最成功的企业之一。

由于个别原因，我做过的最成功的汽车广告带来一场灾难。那是为米切尔公司的汽车做的广告。我被叫到那里应对一个紧急状况。和往常一样，我对汽车行业的状况、当前的思潮和风尚等做了大量的研究工作。我的结论是：广告的最佳基调是能效。能效当时是一个在所有业务领域都流行的话题。

当时，米切尔公司有一位能干的能效专家，还有一座能效非常高的厂房。因此，我创作的广告题为"约翰·W·贝特，能效专家"，讲述了这个人和他的做事方法。

这次活动也轰动一时。我从来没听说过任何汽车广告能使如此多的顾客前来咨询。汽车的销量额以惊人的速度增长。我拨动了广大消费者的心弦。汽车买家最看重的是高能效带来的经济实惠。很快，公司就走上了成功的康庄大道，并进行了大规模的资产重组。然而，这款车的品质很快就下降了。他们的工程师在所有细节上都得过且过。成百上千的汽车被退了回来，每一辆都让米切尔的名誉受损。销量越大，灾难越大。广告成功推出了那款汽车，却也最终导致了灾难。我们为自己的产品定了太高的调子，导致恶劣的名声广泛传播，起死回生已无可能。这成了做广告的另一个教训。

1924年，我被邀请去为斯蒂贝克汽车做广告。当时，我已经离开汽车领域好几年了。我必须在现有的情况下了解汽车行业的现状，这一点至关重要。除非了解了大众的流行趋势，否则永远也无法正确拨动消费者的心弦。

我用了几周时间来研究行业现状。斯蒂贝克曾辉煌一时，其销售额的猛增、资产与利润的增加曾引起股市轰动。我总结认为，那些事实总是激励着关注市场风向的人，它们一直是斯蒂贝克成功的主因。所以，我决定以它们为基础。

结果就是那场所有人都熟知的推广活动。我们引用了那些倍增的销售额，说明了这些数据所体现和代表的公司资产和设施。我们通过实际数据说明量化的生产如何降低成本。我们将某些功能配置的成本与其他厂家的相关成本进行了比较。我们给出了实际数字，拿它们来说明我们的汽车如何通过每年生产15万辆来实现豪华配置。这被证明是一种新的基调，如今已成为汽车广告的终极诠释。

所有的销售技巧都必须提及这些经验教训。一个广告人必须了解消费者心中所想和他们的需求。想做潮流的领导者，就必须了解潮流。

对很多人来说，做广告就是写文案。他们觉得语言和风格是重要的，其实并不是。若偏要说有文采的文案有效的话，效果其实是负面的，因为这种文案的字里行间透露着为推销产品而做的努力，而这种努力总会招致相应的阻力（即使消费者产生抵触心理）。

书面推销与人员推销基本一样，风格确是一种障碍。任何让注意力从主题上转移的事物都会减轻人们对广告的印象。有人可能会说：“这是一个漂亮的广告，图片美极了，形式很不错。”但这种看法能让人避免受到广告的影响。这种广告让人感觉缺乏诚意，还透露出推销的意图。当某人明显想赚我们的钱的时候，我们总是很警惕。

　　营销的唯一途径是在某种程度上提供似是而非的超值服务。它可能以直白的方式提供，大多数广告成功地用这种方式完成推销。它们以贴近人心的方式使人产生共鸣，似乎提供给人们期盼已久的服务。这就是那么多"精美广告"未能带来效益的原因：人们对其总是保持警惕。这也就是很多成功的广告看似简单粗暴的原因，它们是那些忘我的超级推销员造就的。

第十一章
轮胎广告

　　成为轮胎营销的倡导者也是我的命运。自行车出现以来，轮胎已被不少广告宣传过，但基本都是推销一个品牌。有个固特异公司是我们广告公司好多年的老客户。我相信他们每一年的广告支出从未超过40000美元。当时大家都认为轮胎用不着推广。

　　有一天，我们意识到我们公司可以通过增加账簿上客户的进账来扩展我们的广告业务。从那以后，这成了我的主导方针。通过这些方式，我们成长为世界上最大的广告代理商之一。

　　广告代理的佣金由发布商支付。佣金从一个代理转到另一个代理没有变化，但增加广告量能增加佣金。我们要努力赚取报酬，一种方法是寻找和开发新的广告客户；另一种方法是设法让现有广告客户增加广告支出。

　　我很少从别的广告代理商那里抢客户。我从来没有这样尝试过，除非他们使用错误的方法浪费了难得的机会。我所有的大客户基本上都是我自己一手带起来的。有时候，客户一开始支付小额费用，随着广告带来利润，再逐渐增加投入。这样的发展过程才是广告工作真正的成就感的来源。

经过多轮的劝说，固特异公司同意增大他们的广告支出。在第一季，他们给了我们20万美元。在他们看来，这笔巨款给得有些草率。

当时，他们正在推广他们所谓的直边轮胎。我听说过这款轮胎，但不知道它怎么样。这款轮胎的相关广告经常出现在我的办公桌上，虽然我对轮胎和广告都感兴趣，但却没什么能够打动我去了解"直边"的真正含义。

我向他们询问了这个问题，他们便向我展示了直边轮胎和紧钳轮胎之间的差别。我问他们这种差别的意义，他们告诉我说，直边不会导致轮毂断裂。在尺寸相同的情况下，这种构造的轮胎的空气容量可增加10%。

"那为什么你们不强调这些呢？"我问，"这些正是人们想知道的。他们并不关心你们的轮胎是如何造出来的。"

对他们来说，这是一个新点子。作为制造商，他们自己感兴趣的主要是各种类型的构造。他们自己感兴趣的是制造的细节，自然就这样向公众做宣传。

这就是制造商不愿为自己的产品做广告的主要原因。现在很少有这样的尝试了。广告客户太熟悉自己的工厂，看不到顾客的兴趣所在，"只缘身在此山中"。他们并没有站在消费者的角度去看问题。

厂家讲述的通常是他感到骄傲的事，比如他的生产方式、工

203

艺流程、工厂规模、产品历史，等等。广告人必须研究消费者，讲述消费者想知道的那些事。

在广告中，我创造了"轮毂无断裂轮胎"这个名字。所有的广告标题都采用"轮毂无断裂轮胎，体积增大10%"。广告的效果立竿见影，其销售额实现了跨越式增长。固特异公司很快就占据了轮胎王国的领先地位。

附带的一个成果就是迫使所有竞争对手都转而生产这种类型的轮胎。仅两三年之后，固特异在这一点上就没优势可言了。所以，我们逐渐淡化轮毂无断裂轮胎的概念，而突出"固特异"这个品牌。

然而在此之前，我们还有另外一个更加令人艳羡的卖点，那就是市场对固特异轮胎需求的急剧增长。我们以图片和文字形式将其突出显示，直到人们觉得整个汽车世界都改用了固特异轮胎。

在大多数情况下，这是一个很不错的卖点。人们总是随大流，在很多事情上他们很难去探究原因和价值，所以他们就会顺从大多数人的判定。

我们通过起名字做成了另外一件事。我们给防滑轮胎起名叫"全天候"轮胎。我们会搞清楚什么样的广告主张最有效，然后取个名字暗示它。由此，这个名字就传达了我们想要传达的信息，它本身就是一个广告。我们的主要目的是吸引驾驶员在所有天气状况下都用这种轮胎。从那时起，这种做法就成为一种惯例，源自那个广告的影响。

能够传达广告信息的名字具有很大的优势。名字通常是突出显示的，所以正确的名字可以形成相当完整的广告，让任何一个匆忙的人都可以读到。创造一个争取的名字往往是好广告迈出的第一步。毫无疑问，这样的名字往往会事半功倍。想一想这些名字的价值："五月气息""染亮皮革油""三合一油""棕榄皂"等。

我们要解决的另一个问题是让经销商增加库存。当时很少有经销商这样做，他们都是边销售边从固特异下属的分公司进货。我们准备了一场大型的推广活动，在每期报纸广告上刊登所有固特异经销商的名字，对经销商的最低要求是存250美元的货。几个月后，我们吸引了3万家经销商按我们的要求囤货。这次活动也促成了轮胎行业整体面貌的改变。

在当地报纸上刊登经销商的名字，这种做法几乎是无法抗拒的，进而可吸引他们立即进货。很少有方案比这更有效了。没有哪个经销商愿意在大型推广活动中看到竞争对手名列其中，而自己的名字却被省略了。加入计划的经销商越多就越容易吸引其他经销商加入。我经常以这种方式为新产品打开广泛的销路。

固特异广告推广活动是我最大的成功之一。固特异轮胎登上了行业领先地位。我从未见过更有成效的转变了。他们的广告费用从每年4万美元增加到每年近200万美元。

但我还是输了。一种对机构信誉广告的向往由此滋生，对此我永远不会赞同，这很自然。巨大的成功给大多数人带来自夸的渴望，但吹嘘是人们都不想听到的。人们喜欢描述他们的厂房，讲述他们的历史，宣扬他们的方法和政策。这可能令人心满意足，但这不是推销。在广告业或其他一些领域，任何人都不能违背自己的原则。在为了金钱而妥协的那一刻，他便失败了。这并不是说他的某个方案不成功，而是说作为艺术家，作为对自己的职业或行业做出贡献并将其带到更高层次的人来说，他并不成功。

这便是广告领域存在很多冲突的原因。外行人支付钱财，自然就认为自己有决定权。在开始时他不会轻易指手画脚，因为这个方案对他来说是新事物。但是到了一定的时候，他便觉得自己也是广告专家。我们都希望在自己擅长领域之外的事情上有出色的表现，这真是奇了怪了。

这导致很多人误入歧途。人们在一个行业赚了钱，而在其他的行业失去它。他们似乎觉得在某行业成功一次便会成为超级企业家。

这些人不敢冒险向外科医生发号施令，或告诉律师如何打赢一场官司，或告诉艺术家如何画一幅好画。他们承认这些职业有特定的技术知识，但做广告除外。对他们来说，做广告似乎很简单，因为它的目标受众都是简单的老百姓。他们没有意识到，即便在广告界行走半生也只是学个皮毛。

后来，我给米勒轮胎做广告时，情况就完全不一样了。买家普遍认为，好的轮胎全是一样的。有必要将这种印象打破，并以某种方式确保买家对品牌产生偏好。

米勒轮胎主要用于太平洋沿岸线路的长途车。我获取了相关数据和记录。使用米勒轮胎的长途车得到的数据令人印象深刻，里程记录令人惊讶。米勒轮胎在商务用途中的趋势很能说明问题。

我把这些事实作为推广活动的重点。普通轮胎买家不会比较不同的轮胎。他很少关注轮胎跑出的里程。即使他这样做了，也不是用科学的方法完成的。但他知道轮胎的大用户不是随便选个品牌。我利用了这一点。我给出精确的数字来比较结果，对米勒轮胎在商务领域应用的趋势进行了设想，那些人很清楚自己应该这样做。

我提到了米勒工厂里进行的测试，那里有很棒的机器，可以测出实际路况条件下各种轮胎的磨损情况。对各种轮胎的研究表明，米勒轮胎显示出无可比拟的优势。我制造出一种印象，也是一种正确印象，米勒人正在尽最大努力确保轮胎能达到最大行程。那是一次短暂却成功的推广活动。

我们的不同与许多行业一样，在于与经销商和消费者视角的不同。我的想法是，我们不能在任何产品上做两次营销。我们不能先花大笔的钱并给予优惠将产品推销给经销商，再花大价钱帮经销商做营销。如此，消费者的负担就太重了。我们必须有所选择。

要是产品能由感兴趣的经销商来做营销，就让经销商来营销。可如果我们要来为经销商做营销，那我们就只能给他分销商那部分的利润。

广告业的极端灾难源自营销费的倍增。广告主为了赢得消费者就已经花费不菲了。然后，为了使批发商和经销商对产品感兴趣，他就把利润提供给他们。他提供免费样品和其他超值的优惠条件，结果却什么都没得到。经销商和批发商仅提供了已有的市场需求，他们实际上成了单纯的接单中介。

商品营销有一个至关重要的问题，就是某种产品未公开推广，没有消费者对它有需求，这时必须依赖分销商。分销商开价很高，但无论你给多高，总有人比你更高。利润空间很快就会减少到微不足道。

如果你是广告主，正制造消费者需求，你必须在某种程度上忽略这些中间因素。公平地对待他们，但不要付钱让他们做办不到的事。如果你默许，批发商就会把他的竞争支出转嫁到你身上。经销商会把你分配给他的利润和他经销的其他产品的利润进行比较。他们没有想到，前一种情况，你做营销；后一种情况，他们做营销。

我做广告推广的大部分产品从没聘请过推销员。我的整个理念就是让他们先赢得消费者，再卖货给经销商和批发商。那些先向消费者推销，再向经销商和批发商推销的广告主花费了高昂的费用。我们必须做出选择。营销的利润空间不足以应付这两种因素。

第十二章
"棕榄"的早期历史

　　我们在公司内成立了一个由我主持的"顾问理事会"。我们宣称任何人都可以亲自前来或通过信件咨询与广告相关的问题。在无任何附加义务的情况下，我们会为他提供最好的广告人的专业建议。大约有16名有能力的广告人围坐一桌，为现有或未来的广告主提供一个难得的机会。有数百人带着未知的前景来到这里，十有八九，我们建议他们暂缓行动，因为风险太大。那些犹豫不决的人通常是最重要的广告主。这一行总体来说都是这样。

　　我们在这些会议中致力于帮扶优良广告，警示大家不要绕弯路，并尝试在浩瀚的建议中寻找广告机会的珠玑。依据相同的方针政策，我们还根据我们的许多经验出版了很多书，书中提供了各种建议。我们觉得我们自己的利益有赖于整个广告业的繁荣。低级错误和灾难性的失误都对广告业不利。显著的成功或许能鼓舞其他很多公司。毫无疑问，在过去这20年中，我们助人、无私的方针政策成为广告业发展的一个重要因素。

一天早上，我们的咨询会迎来密尔沃基市约翰逊肥皂公司的B·J·约翰逊先生。陪他一起来的是他们的新任销售经理查尔斯·皮尔斯先生，他正在寻求成功之道。他们来这里是想咨询伽伐尼皂——一种洗衣皂的营销可行性。经过充分考虑，我们建议他们不要进入那个广告领域。该领域竞争激烈，新广告主常常望而却步。根据我们陈述的事实，产品所有人很快就对我们的说法表示认同了。

之后，我们问他们是否有别的产品。他们说还有一种叫棕榄皂的护肤皂，是用椰棕油和橄榄油制作而成的。这种棕榄皂的销路有点儿窄，因而他们不认为其有推广的必要。

当时，桌子周围的顾问们只是暗暗觉得护肤皂有美容的吸引力。我们命中注定要针对这类产品开发出广告业界最成功的一些案例。美容的诉求对女性最为有效。有位顾问说埃及艳后曾用椰棕油和橄榄油护肤；另一位顾问跟大家说罗马美女们同样如此。渐渐地，一个绝佳的广告机会摆到我们面前，我们请肥皂厂家让我们做一个试验。我们建议在密歇根州的大急流城进行试点，预计广告费用大约1000美元。但是，面对如此不确定的风险，这样的投入太大了，所以我们的试点工作改到密歇根州的本顿港，广告费用降到700美元。就在那座小城出现了第一个棕榄皂广告。

我们制订了一种产品介绍方案，我已经在很多成功的推广活动中用过这种方案。据我所知，该方案由我首创，而且它是我事业有成的重要因素之一。我们刊登出两三个广告，讲述了棕榄皂的故事，让读者感受到美肤的诱惑。我们在广告上方的方框里宣称，数天后我们将为所有申请试用的女性顾客买一块棕榄皂。这一优惠促使广告读者多了几倍。只要你说为某位女性朋友购买点儿什么时，她就想搞清楚东西到底如何。如此一来，女性读者对我们这款美颜皂的兴趣就被我们激发出来了。当我们认为已经为棕榄皂创造出足够多的愿望时，我们便刊登出印有一整页优惠券的广告，读者可以凭券在任何一家商店领取一块价值10美分的棕榄皂。优惠券授权经销商向持券人提供一块棕榄皂，之后向我们收取10美分。

与免费赠品方案相比，这种方案更具优势，它看起来更高明一些。一种方案是提供免费赠品，而另一种方案提议为女性顾客购买一件产品供她试一试，然后按实际价格支付给经销商。两者带来的心理效果有很大的不同。免费赠品会让产品看起来很廉价。而且，之后再要求人们付钱购买其原来免费就能得到的赠品，人们会有一定的抵触心理。但是，当我们自己购买产品时，正如消费者所做的那样，我们显示出对产品会令人满意的极大信心。"我们帮您支付"比"价值10美分的免费赠品"要好得多。

再者，购买这种方式会迫使经销商进你的货。销售员完全不需要，只需将优惠券的广告校样寄给经销商，告诉他们说几乎家家户户都会收到优惠券这个事实，以及优惠券就等于10美分现金，主妇们便不会丢掉它。如果一家经销商不给兑换，则还可以找另一家兑换。我们践行了这个方案，成本适中，但很快就赢得了广泛的销路。这当然是做广告首先必须考虑的问题。

在任何社区投放一些广告，宣布有为消费者购买的优惠活动，你的广告主张就一定会被阅读。接下来，当整页广告连同优惠券一起出现时，所有对你的产品感兴趣的人都会拿出它去兑换产品。因此，在两周之内我们获得了大家对我们产品的了解和成千上万的用户。

我注意到，对于那些不主动要求优惠的人来说，你提供给他们样品或正品不会带来任何回报。我们必须先引起消费者对产品的兴趣，这样它才对他们有价值。我觉得一股脑儿地分发样品其实是非常糟糕的做法。不顾是否有意愿就随意派发样品，或将样品放在门口，产品就变得掉价了。而如果你迫使人们费点儿力气才能获得赠品，或者根据他们的意愿按零售价帮他们购买产品，效果就完全不一样了。

我们最初在本顿港采用的棕榄皂推广方案就是如此。我确定，当时包括优惠券兑换在内花费的成本为700美元。其结果为，数千名女性在搞清楚其品质和功能后便开始使用这种肥皂。接下来，我们就等着看效果。用户在试用了这种肥皂之后会怎么做？这个问题的答案是广告推广最重要的因素。

现在来看，我提到的一些数字可能不太准确。这次推广活动始于1911年。我的记忆可能有点儿不准确，但并不会有太大出入。在广告费到支付期之前，本顿港重复销售的销售额就足够支付它了。我们知道广告产生了效果，我们胜利了。

我们尝试在许多其他城市开展相同的试验，结果总是令人欣喜。我确信，他们当时花费了大约5万美元用于那些城市的广告，来验证我们的诉求是否是有效的。我们的广告带来的回报就足以支付广告费了。接下来，我们开始在杂志上投广告，并在全国范围内打开销路。下面我将要讲述的便是我们进行营销的方式。

请允许我暂停一下评论几句。在这些经历中，我写这些故事并非想过分强调我在其中起到的作用。我们的代理公司是由有经验的人组成的，大家同舟共济。代理公司的领导常说，没有我们的话，跟其他代理公司合作也能成功。我不同意他的看法。我们大部分的成功都是因为我们善于发现广告机会并且策划开展起来。这是很自然的，因为我们干的就是这一行。方案、论证及策略全都是我们的创意。但是，也要有一个必要条件，就是有一种我们认可的产品，那就取决于厂家了。另一个必要条件就是良好的业务管理。我觉得，在路线被发现之后，棕榄皂的成功应该特别归功于管理。关键因素就是那位查尔斯·皮尔斯在1911年的那个具有决定性的早上来找我们。

这本商业传记的目的并非标榜个人功绩，而是向跟随我的人指出我通过努力工作发现的一些原则。我没想淡化其他人的功绩，也不希望伤害任何人的自尊。单个人不足以成就任何事业。

在对棕榄皂进行了本地报纸试点之后，棕榄公司决定快速在全国范围内实现相同的目标。我们遵循在各地成功的方式展开推广活动。我们与《星期六晚间邮报》和《妇女家庭》杂志签约，用它们的整页版面，并插入了优惠券，这些优惠券可以在全国任何一家药店兑换一块价值10美分的棕榄皂。我们已经提前向各地的药妆店寄送了广告校样，给出了杂志在各地的发行量，并指出优惠券对女性顾客和药妆店主来说都价值10美分。结果我们收到了来自全国各地的订单，订购连经销商都没见过的肥皂。我记得，那些订单的总额超过了100万美元。

批发商的库存都很充足——我觉得他们是通过托运的方式备了货，如此一来经销商便可以快速补货。广告面世时，对优惠券的需求非常大。过了几天，成千上万的女性用上了棕榄皂，寻求我们在广告中描述的功效。而且，全国的药妆店几乎都在出售棕榄皂。结果，广告带来的重复销售额甚至比地方还高。

就目前而言，从广告的角度看，棕榄皂的形象便是通过这种方式树立起来的。现在，棕榄皂成为世界上数一数二的护肤皂，每年的销售额达到数百万美元，年广告支出达到了巨大的数字。厂家、广告代理公司和出版商都从那次700美元试验的演变中获得了巨大的财富。

我想总结一些经验教训：在我们整个国家，人性终究都是一样的。在本顿港赢得了消费者的诉求，就同样能赢得全国的消费者。

一个人不需要为同一个产品做两次推销。大家很少能既向经销商推销又向消费者推销。如果你只是向消费者推销，那经销商自然会满足他们的需求。这在今天比过去更加重要，因为现在人员推销和广告费用都比过去的更加昂贵。

销量快速增长比缓慢提升更加有利可图。当一种方案被证明科学而稳妥时，最好的目标就是快速拓展业务，尽快获取最大利润。

简单的事实，易于理解，能引起共鸣，是容易在消费群体中获得成功的诉求。在有才识的人看来，它们听起来就像《鹅妈妈童谣集》里的摘录。"荷兰清洁剂"赶走污渍、"象牙皂"会漂浮、"金粉双胞胎"为你工作、孩子们吵着要喝"卡斯托里阿"、保持少女的肤色，这样的诉求会赢得十之八九的消费者。

我曾经认识一个推销商务书籍的人。那些书基于非同一般的经验指导，任何商界人士都应该读一读。但是出版商却不能以盈利的方式出售它们。他咨询过我们这里的一个广告专家，而专家的建议就是宣称："您的姓名会以烫金字印在每本书上。"我们可能会自然而然地说这种广告对商务人士并不重要，但它却让这套书盈利了。它让那些书独一无二，从而赢得了消费者，这超越了所有的逻辑推理。

某人寿保险公司通过寄送邮件给一些明智之士，试图从中发展业务。一般的论述无法促使他们采取行动，但是这家公司声称准备了印有使用者烫金姓名的真皮封面备忘录。只需告诉他们要把它发到哪里去，同时告诉他们你的出生日期等——保险方案需提供的个人信息。

我本以为这种提议仅适用于那些实干家——专注于解决重大商业问题的人。但是，它实际获得了很大一部分人的理想回复。那些重要人士不希望属于他们的哪怕一小本书——也许仅值10美分——被他人忽视。这就是人性。

现在再聊回棕榄公司。棕榄皂广告的成功促使这些单纯的人进入了众多的广告冒险之旅。正如大多数此类做法一样，它们中的大多数都失败了。他们和我们都没有做不可能的事情的魔力。

有一个是棕榄洗发水广告。他们并没有任何独特的诉求，只是说它是一款很好的洗发水。提出的诉求便是"买我的品牌，别买其他的"。这样的诉求永远不会走得太远。

在日本附近的一座岛上生长着一种植物，该植物因其提取的精油可以促进毛发生长而闻名。我偶尔看到一些日本妇女站在椅子上，头发垂到地板上的照片。多年以来，这种精油全都按照合同供给了法国的一家毛发生长剂制造厂。如今合同已经到期了，我叮嘱棕榄公司买断那种精油，宣传它的功效，但这样做成本很高。

我不清楚推销技巧对棕榄洗发水的推广有什么效用，但我有推广其他很多洗发水的经验。而且我很清楚，在竞争激烈的领域，没有一些特殊的宣传之处，任谁也难以获得成功。

另一方面，让我来回忆一下棕榄剃须膏的经验。那是棕榄皂成名之后的合理转向，但必须考虑某些事实。事实上，所有的剃须膏用户都会忠实于某些品牌。大多数人可能都已使用那些品牌多年，他们喜欢它们。我们要解决的问题是如何让一个用户从一个品牌转用另一个品牌。

我们很难声称剃须皂有何特殊功效，那不合逻辑。国内一些著名的肥皂制造厂家都已研究剃须皂多年，但他们从来没有明明白白地说出他们的研究成果。

我派出一些研究人员调查了数以百计的男性。我问他们最喜欢剃须膏的哪种功效，之后我带着答案到了密尔沃基的棕榄基地，并提交给首席药剂师V·C·卡西迪。我说："这些是男人们想要的功效。他们或许从其他剃须膏那里也能体验到这种功效，但是没人告诉他们。请将棕榄剃须膏在这些功效方面的实际数据提供给我。"

男人们想要丰富的泡沫。棕榄剃须膏起泡沫后体积增长250倍，这得到了卡西迪的验证。男人们希望起效迅速。棕榄药剂师经试验证明，用了棕榄剃须膏，胡须在1分钟内吸收了15%的水分，这使头发像打了蜡一样易剃。男人们希望泡沫持久。药剂师证实棕榄剃须膏可以使丰富的泡沫感在面部保持10分钟。

棕榈油和橄榄油被认为是一种滋润液。我问卡西迪先生，剃须膏是否还有一些普通人在刮胡子时没有意识到的功效。他说，尚未意识到的最重要的功效，就是人们不能用普通护肤皂剃须的原因，即普通护肤皂产生的泡沫不够结实和持久。这些泡沫必须钻进胡须之间使胡须挺直，就像割麦子前先把麦子整理齐整一样。因此，我们就声称棕榄剃须膏的泡沫完全满足剃须要求，这也是事实啊。

或许其他剃须膏也可以满足相同的要求。我并不知道这类产品中是否有一家的产品远远超过其他家的产品，但我们首先给出了剃须膏功效的数据。一个具体的数据远胜无数陈词滥调。

后来有人告诉我，在18个月内，棕榄剃须膏就占据了其所在领域的主导地位。如果果真如此，那是因为我们用实际的数字代替了空洞的套话。

任何阅读至此，真正对广告感兴趣的人都应该领会了我讲的这些要点。在进入一片市场已被充分占据的领域时，你不能简单地说:"请购买我的品牌。"这是一种自私的诉求,会令所有人感到厌恶。你必须提供卓越的服务,以促使别人由使用最中意的品牌转向使用你的品牌。通常,广告主不会提供特别优越的服务,这不可预料。不过,通过提供其他厂家没提供的相关服务的确切数据,可能会获得很大的优势。

以马自达灯或钨丝灯为例,仅宣称钨丝灯比碳丝灯更亮,只能给人留下淡淡的印象。

一个卖家宣称自己的产品优于其他卖家的产品,这是每个人都想得到的。但是,当你说钨丝灯比碳丝灯的能效高出3倍,所有人就都需要好好考虑一下了。所有这些都要归功于个人推销的原则。所有广告都应该基于这些原则。在女顾客家门口向她推销产品就像跟她在夜灯下交谈一样,相同的推销原则同样适用。广告即推销技巧在书面形式的体现。

第十三章
膨化谷物和桂格燕麦

通过广告推广爆麦粒和爆米粒是我最成功的案例之一。该案例的经过是这样的。

桂格燕麦公司的总裁H·P·克洛威尔先生是我的一位老同事的朋友。他敦促克洛威尔先生了解一下我有什么可以帮他的。于是有一天，克洛威尔先生叫我去了他的办公室。他大概是这样说的："我们有长期合作的广告公司，他们还算令人满意。不过，我们还有许多没推广的产品。如果你能找出个适合推广的产品，我们将跟你一起尝试一下。我们将花费5万美元甚至更多来验证你的想法。"

我考察了这条产品线，发现了两种引人注意的产品：爆米粒和麦粒果。爆米粒的售价为10美分，而麦粒果的推广价为7美分，它们的销量一直在下滑。厂家确信这两种产品都不会成功。

我选择这些产品是因为它们具有独特的吸引力。我督促厂家将麦粒果改名为爆麦粒，如此我们便可以把两种膨化谷物放在一起做广告。我让他们改了定价，爆米粒以15美分出售，爆麦粒以

10美分出售。这样平均每箱的价格就增加了1.25美元，增加的部分便成为提供给我们的广告拨款。我确信只要我们努力做好广告，额外的加价并不会减少销量。而且，它还为我们提供了发展新客户的启动资金。

我去参观了那些膨化谷物的制作过程。膨化谷物技术的发明者A·P·安德森教授，一直陪着我。无论是在夜晚的火车上还是在白天的工厂里，我们都在讨论研究。

我得知了谷物膨胀的原因——每个食物细胞都爆裂了。谷物体积膨胀到了原来大小的8倍，每一个原子都可以食用，这一点被我证实。

我看到了这个过程——谷物从枪管中喷射而出。于是，我编造了这么一句："从枪中射出的食物。"

这个点子引来了嘲笑。美国最知名的食品广告商之一针对它写了一篇文章。他说，在食品广告进化史上所有的蠢事中，这个主意当算是最蠢的了，认为"从枪中射出的食物"这种点子可以吸引女性是傻瓜的逻辑。然而这种逻辑被证明具有相当的吸引力。它引起了人们的好奇心，而好奇心是我们在处理人性方面所知道的最大驱动力之一。

这次膨化谷物推广活动背后的逻辑值得深入思索。它被证明是谷物麦片产品广告之中最成功的一例。人们普遍认为爆麦粒和爆米粒是早餐谷物产品中最赚钱的食品。

首先，我树立了一个人物形象——A·P·安德森教授。我总是尽可能地树立人物形象。人物形象具有吸引力，而没有灵魂的公司则不具有。让一个人出名，他的发明和创意也会为人所知。我们所有人都喜欢研究人物以及他们的成就。

接下来，在每个广告中，我以图片展示这些谷物体积膨胀了8倍。我所做的正是人们想看到的。

我介绍了谷物爆裂的原因。在每粒谷物中我们都创造了1.25亿次蒸汽爆破——每个食物细胞都爆一次。如此一来，所有的营养物质都适于消化了。我把这些食品中吸引人的每一种因素都展现出来。

膨化谷物已经做了多年的广告，但广告品质却越来越叫人失望。它们总是被宣传为众多谷物食品之一，并没有提供让人感兴趣的东西或独特之处。新的广告方式使它们独一无二，并引起了消费者的好奇心。读到膨化谷物广告的人都希望亲眼看看那些谷物。该测试赢得了一批固定用户。

不过，我们在推广过程犯了许多错误，也纠正了许多错误。我们花了很多钱在报纸上登广告，却发现走这条路没什么回报。报纸的受众是所有人，而这种昂贵的食品只是对中上层消费者有吸引力。我们通过报纸接触到的受众，十有八九都买不起这种膨化谷物。因此，我们最终证实杂志广告是我们唯一的途径。

此外，我们随意派发了数百万份样品。样品本身并未赢得大量消费者。我们必须首先激发消费者对产品的兴趣和尊重。

于是，我们停止给不感兴趣的消费者提供样品。接着，我们在数百万份杂志上刊登了广告，每则广告都附有一张优惠券，可持券在任何一家杂货店兑换一袋爆麦粒或爆米粒。如果他们剪下了优惠券，那就表明他们对产品产生了兴趣。这些消费者希望尝一尝样品,他们对于食品的预期也从样品中获得满足。

所有提供样品的方案都是如此。把样品丢在消费者门前是徒劳的,消费者对待它们的态度如同人们对待流浪儿一样。仅向那些做出了一些努力获取样品的消费者提供样品,因为他们对产品有兴趣。为产品制造出一圈光环,否则永远不会留下持久的印象。

我们也搞明白了另一件事。我们发布了数千万份广告,给出的优惠是买一赠一,即买一袋爆米粒便会获赠一袋爆麦粒。如同所有这类的优惠,它起不到什么作用。其实这种优惠就相当于打折扣。不管是半价还是全价出售,尚未认可产品的消费者都不会买。数千万份这样的广告仅为我们带来了寥寥几位新用户。

一直以来,广告主们也留意到了这个问题。半价优惠的吸引力十分有限,而再花10美分方能获赠样品的优惠券仅能吸引一小撮消费者。请记住,你是卖家,正费尽力气争取消费者,应该为有兴趣的消费者试用产品提供方便,而不应该让他们支付你的营销费。

在这个问题上算计反而会让营销成本翻倍。对免费样品的咨询成本大概为每人次25美分。若让消费者付10美分才能得到样品,咨询成本可能要增加到每人次1.25美元甚至更多。为了获得10美分,你可能会损失掉1美元。况且,花费的那笔广告费原本可能为你多获得5倍的消费者。做广告犯的错误没有比这更愚蠢的了。

由于针对膨化谷物策划的推广活动获得了巨大的成功,桂格燕麦公司请我帮他们参谋一下其他的广告主张。他们想推广的一个主要产品就是桂格燕麦。桂格燕麦推广方案后来成了我职业生涯的最大败笔之一。

本来，我以为桂格燕麦公司把持着大部分燕麦片市场，只需提高燕麦片的消费量便可以躺着赚钱。所以，我起初的推广活动便按照这种思路展开。

我不再具体介绍推广的方法。事实上，广告所到达之处，影响深远且很有成效。我雇用了数百人帮我搜集数据，可是我的思路却跑偏了。数百年以来，食用燕麦粥已被视为一种重要的饮食习惯，人人都了解燕麦的营养价值。不了解的人基本是因为有难言之隐。

我曾为一条有吸引力的全新产品线开展了一种引导性的推广活动，却一无所获。我们发现发展新客户的计划需要付出高昂的代价。新客户一生的回报都抵不上发展他的成本。

同样的问题在许多产品的推广中都存在。比如，让消费者更换牙刷以确保他们改用新品牌的牙膏。我觉得发展一位新用户的成本至少要25美元。牙膏厂家数十年都收不回这个成本。

新习惯的养成依赖于全民教育，而习惯的改变主要由自由撰稿人在非营利版面撰文促就。单个广告商改变了人们的习惯，推广了自己的产品且还盈利了，这样的事我还没听说过。

假如习惯的改变不能得到广泛实现，在小范围内改变显然更不可能。任何广告语或广告词以此为目的，结果都是徒劳无功。没人能通过付费版面改变了人们的习惯又赚到了钱。只有在消费者的习惯改变后，广告商才可以坐收渔翁之利，说："你们需要的东西我来提供。"

上千万美元的广告费就这样白白打了水漂，因为很多广告商都没有搞清楚这个问题。其广告的目标人群尚未学会使用他们的产品。他们推广产品的初衷是对的，也是为了消费者的利益，但不会得到任何回报。

之后，我的桂格燕麦广告全部以燕麦片的固定消费人群为目标人群，而不再去发展新消费者了。我要做的就是告诉固定消费人群我们产品的优点。按照这种思路，推广活动开展得颇有成效，回报相当丰富。

我们最大的收获来自战争时期。当时流行研究卡路里，大家都开始吃肉的替代食品。桂格燕麦每一千卡路里热量的成本约为肉食的十分之一，这样的卡路里数据颇引人注目。我们重点强调了这些数据，桂格燕麦的销量随即翻了两番。

但我们始终觉得，燕麦片的推广受到烹饪时间长的束缚。一个竞争对手推出了快速煮熟的燕麦产品，我们的销售遭到重创。就在这时，有个发明出即食燕麦的人来找我们，它们只需稍微加热便可食用，我们称之为"两分钟即食燕麦"。

我们认为，这是针对燕麦问题的一个很好的解决方案。我们中大部分人都想在不做试点的情况下推广，但我劝他们先试试。

于是，我们在几个小城镇尝试了一下"两分钟即食燕麦"。我们提供了一套免费赠品，接着我们写信给用户并询问他们的意见，结果与我们想象的相反。这种燕麦的味道与一般的燕麦片并不一样。新发展的消费者也许觉得即食燕麦更好，他们可能会这么认为。可是燕麦粥的固定消费者反对这种变化，而新消费者那么少，没必要去考虑。因此，"两分钟即食燕麦"的试验以失败告终。

后来，又出现了一种燕麦产品，需要煮3到5分钟。这种产品的味道没发生太大的变化。可大多数董事都投了反对票，因为"两分钟即食燕麦"失败了。但我还是劝他们先试试，了解一下家庭主妇们怎么说。我们将它命名为"快熟桂格"。

于是，我们又在几个小城镇进行了试点。我们的优惠是替消费者购买一袋试吃的燕麦。我们告诉每个消费者，我们不关心他们是更喜欢"桂格燕麦"还是"快熟桂格"，我们想知道的只是他们偏爱哪一种，结果大约90%的试吃者投票支持"快熟桂格"。现如今，"快熟桂格"给桂格燕麦公司带来明显的优势。

所有这些都教给我们一些非常重要的经验。我们的成功关键在于取悦了消费者。通过便宜的测试，我们可以了解广告方案是否能取悦他们。接着，我们再据此指导我们的努力方向。

"两分钟即食燕麦"之所以失败，是因为它特殊的味道对大多数人没有吸引力。但"快熟桂格"给桂格燕麦公司带来一个在燕麦业务领域的新抓手，其成功的独到之处在于将问题交给了数千名家庭主妇来决定。这种方式总是值得试一下的。这样在没任何太大风险的情况下，就能够知道消费者想要什么和不想要什么。

这是广告获得成功的唯一途径。仅靠猜测，也许50次中仅有1次是对的，但通过实际的试点，50次测试中每一次的结果都会告诉你该做什么和避免做什么。

第十四章
"白速得"

到目前为止，我职业生涯中最大的成功是在"白速得"牙膏上获得的。它的推广者跟我的交情已经有22年了。我们在广告业务上合作获得的收益有数百万美元。我去洛德暨托马斯公司的时候，他非常失望。他给了我一大笔钱，让我先闲着，等他找到一些合作的机会。

他参与了亚利桑那州图森市的灌溉项目。那里的夜晚漫长，四处弥漫着孤独的气息。因此，他在那里交往了些寻求健康的熟人，其中一个发明了这款牙膏。当他把牙膏带到我面前时，我试图劝阻他。这是一个技术性强的推广活动，要向一般的人介绍技术性强的牙膏理论，我有点儿无能为力。而且，他坚持50美分一支的定价，而当时牙膏通常的价格是25美分一支。

可是他坚持不妥协，所以我最终同意接受这项推广工作，前提是他给了我某个板块股票6个月的期权。

我翻阅了大量牙科权威关于护齿理论的书，那些理论是"白

，

速得"牙膏产生的基础。这些书枯燥乏味，但在一本书中我读到了有关牙齿上长牙斑的理论。我后来称之为牙斑膜。这让我产生了一个吸引人的想法。我决定把这款牙膏作为美丽容颜缔造者来推广，用它来处理牙齿上那暗沉的牙斑膜。

对牙膏的自然想法是把它看作一种预防性的产品。但多年的经验告诉我，预防性措施并不受欢迎。人们会做任何事来治愈疾病，但却很少有人预防它。无数的广告创意因对人性的这一面缺乏理解而栽了跟头。总体来看，预防的诉求对人类的吸引力相当小。接下来，大家敦促我展现忽视预防的后果，这是该主题消极的一面。不过，我明白，令人厌恶的想法很少能赢得读者和顾客。人们不想看见遭受惩罚，而想要被告知有奖赏。"欢笑时，世界与你一同欢笑；哭泣时，你只能独自哭泣"，人们都希望被告知如何获得幸福与欢乐。

这一点颇为重要。每次推广活动都基于消费者的心理，成功或失败取决于诉求方式的正确与否。有数十条广告试图通过吓唬人让他们使用某种牙膏。据我所知，除非他们针对的问题已经出现，否则，它们一个也不会取得成功。人们很少去考虑如何避免灾难，他们主要的目标是获得更多的成功、更多的幸福、更多的美丽、更多的欢乐。

我认识到了这一点，所以从不提及灾难，从不描绘人们如何受疾病折磨。我用过的每张插图表现的都是拥有漂亮牙齿、魅力十足的形象。然而，需要考虑的还有很多因素。有些我可以从以前的经历中吸取经验，有些我必须在这次推广活动中去学习。我

们通过优惠券为每个广告编号。我们尝试了数百个广告。我一周
周地接到结果报告，每份报告都与我们采用的标题有关。因此，
我渐渐搞清楚了哪些标题吸引人，哪些标题无效。

我了解到，对美的诉求是吸引力的主要来源。大多数男性和女
性都渴望有迷人的外表。如果我能提供令人信服的美容方式，那么他
们一定会倾听我的观点。所以，我瞄准了美这个主题。不过，我还学
到了别的东西。为自己的利益争辩的人，通常会被人们忽视甚至经常
遭到人们的嘲笑。在任何与个人卫生有关的问题上，尤其如此。

当我催着人们购买"白速得"牙膏时，我感到人们十分冷
淡。当我要求他们汇10美分以获取试用品时，他们几乎理都不理
我。所以，我被迫做出无私的广告——样品免费用。整个广告的
目的就是吸引人们为了自身健康试用产品。我甚至从不提及"白
速得"已经上市，也从不提及它的价格。我的全部目的就是让厂
家掏钱证明"白速得"的功效。

这一类产品还带来另外一个启示。与食品一样，对大多数产
品来说，"免费"这个词很有吸引力，它让我们广告的读者成倍增
加。提供样品似乎是一种自然而然的推销方式。

但是，当我们谈到与个人卫生相关的东西时，消费者的心理
就不同了。我们自称提供的是非常重要的好处。接着，像推广早
餐食品一样，我们推出一件赠品，这便最大限度地减少了我们的
重要性。它让我们成了推销商品的生意人，而不是为大家谋福祉
的科学家。当我们在广告的顶部提供免费赠品时，我们的效益将
减少为原来的四分之一。

这样的事情不容易被发现。在推广一道甜点时，我们提供了免费试吃套餐，这与人的本性是契合的。可当我们提供一种个人卫生产品而让"免费"这个词语成为主要的诉求时，我们便浪费了本来可以帮我们赢得顾客的所有因素。

这是我花了很多时间，浪费了一些金钱才悟出来的。但通过编号的优惠券，我总是能马上搞清楚每一个诉求的效果。在一周内，我就能发现自己的错误。我从未在错误的理论上浪费大笔经费。我很快就能发现诉求方式的对与错。

在此，我们正谈论的是广告史上最成功的案例之一。这款牙膏尽管遭到反对，却征服了全世界。现如今它在52个国家出售，以包括中文在内的17种语言进行推广，而且不论使用何种语言，我们的诉求都被证明同样有效。

我们进入了一个竞争激烈的领域。在发展的过程中，我们遇到了无数竞争者。但我们战胜了他们所有人，短短几年，"白速得"牙膏就成了明星洁牙产品。这不是偶然的。

"白速得"公司是在小资本上组建的，大部分资金都用来装修办公室和添置机械设备了。所有与公司有关的人都曾做过广告主，在没有把握快速取得回报的情况下，他们永远不会投入太多资金。

我们迅速获得了回报。在我们的第一个试点城市，我们花费了1000美元，账单到期之前，我们就收回了成本并开始盈利。我们又尝试了其他城市，我们的方法也同样奏效。接下来，因为我们的方案经试点证明是成功的，投资人就预付了大笔经费。一年之内，我们的牙膏已经销往全国各地，4年时间就销往全球各地。

请思考一下该推广活动。我不知道还有哪次推广活动比这次更加成功，奏效更快。我曾筹备了一个系列广告，差点在3个月内就让它被破坏。不过当时我已经花了将近30年的时间做广告，从数百个推广活动中吸取了经验。

通过优惠券，我发现了自己的错误——迅速发现了它们。我转变了策略。由于密切留意回报，尚未为时已晚，我便找到了成功的捷径。

可能有100个牙膏厂就是这样开始的，就像100个厂家已经这样开始了一样，接着就这样衰落了。原因是他们偏信某种理论，而人性却证明那是错的。由于未及时查看收益与回报，他们不明白自己错在哪里。因此，他们栽了大跟头，而那本来都是可以避免的。

在"白速得"公司，我赚了100万美元，但起初我曾拒绝加入这家公司。我之所以赚了那么多钱，正是因为我进行了无数的试验，正确掌握了消费者的心理。

我们从中能吸取哪些教训呢？判断与经验都靠不住，一旦犯了错，我们谁都难以承受。我们一定得小心翼翼地探索。新问题需要新经验。我们必须用尽量准确的方式对我们从事的业务进行验证，发现错误并及时纠正，密切留意每一种诉求的效果。

有了这次经历，我能列举出100种错误的推广牙膏的方式，还能指出它们都错在哪里。可是，如果不计算收益和回报，100个推广者可能就得一个接一个地栽跟头。事实上，有100个人已经栽了。由此可见，"白速得"牙膏的案例为"广告要以实际数据来指导"的观点提供了一个最有力的论据。

第十五章
邮购广告的经验

我的大多数广告客户均是以前述的方式发展壮大的。讲得太具体的话，读来难免单调乏味。不过，在整个职业生涯中，我经常会策划制作一部分邮购广告。在广告代理公司看来，邮购广告费时费力且很少能形成规模效益，基本上赚不了什么钱。可是邮购广告能培养出广告人，考验他们的能力，让他们时时刻刻关注广告的成本与效益。与其他形式的广告相比，广告文案撰稿人能从邮购广告中学到更多的东西。

我在写文案时会尽可能地参照成功的邮购广告。邮购广告通常都经过验证。大家都知道，只有带来效益，邮购广告才能继续进行。他们往往是多次追溯了结果的试验成果，是推销该产品最有效的广告形式。

研究邮购广告会让人受益颇多。邮购广告对版面的使用极为节俭，几乎总是采用很小的字体，那是因为千万次的试验都表明采用大一号的字体完全是浪费。邮购广告中能起到推销作用的图片，没有一幅是为了装饰。

将一个有利可图的邮购广告的版面扩大到原来的2倍，采用大一些的字体，增加更多装饰或者加上个边框，所得到的这个广告看起来更引人注意，但同时你吸引顾客反馈的成本和销售成本都增加了一倍。

要认可这个事实，因为经过对千百种商品进行的千万次的试验，精简节约事实上已成为金科玉律。这也证明不管做何种形式的广告，浪费版面都是愚蠢的做法，例如采用过大的字体、边框，或起不了推销作用的图片，等等。假如面临严峻程度相同的考验，所有广告都会像成功的邮购广告那样排版。

这一事实，广告文案撰稿人最难以学会，广告厂家最难以理解。我们的本能是把广告做得引人注目，那是自然而然的；可是要记住，做广告不是为了娱乐大众，而是为了推销产品，并且要尽可能地将营销成本降到最低。

邮购广告是以成本和收益的确切数据为基础的，它指出了做广告的最佳方案。

曾有一位广告主找到我们，他通过邮购广告推销一件定价为5美元的产品。每收到一个反馈的成本为85美分，每件产品的销售成本为2.5美元。由于广告带来的效益不断下降，他想找个降低销售成本的法子。我们草拟了一份广告，却遭到他的拒绝，原因是它看起来不够吸引人。另外一个代理公司草拟了一份版面更大、更吸引人的广告，他决定试用一下。可是，试用的结果是每个反馈的成本达到了14.2美元，而他的产品定价仅5美元。后来，他试用了我们的广告，每个反馈的成本降为42美分，所以我们的广告被采纳了，每个反馈的成本很多年都保持在42美分左右。他每年会收到25万条反馈，而我们将一次反馈的成本降低到原来的一半。对他来说，这笔费用着实不小。然而，不计其数的广告客户对成本没有概念，仅通过广告的形式判断广告的优劣。正像那位广告主试用了那个广告——每个反馈的成本为14.2美元，他们都亏大了。这就是如此多的钞票浪费在广告上的原因。人们对自己的广告成本一头雾水，还不愿接受他人的建议。所以，我总做一些邮购广告，以帮自己保持脚踏实地。

有一次，我接了一单通过邮购分期付款的家装材料的广告业务。在做这单业务期间，这个商家每年的销售额增长到了700万美元。我也从中学会很多东西，营销邮购赊销货物让我对人性有了更深入的理解。

营销工作不会因顾客第一次购买完商家的商品而结束。邮购目录价格不菲，通过该方式获取的每一位顾客都成本颇高。一定比例的顾客不会按约定付款。因此，利润取决于充分挖掘诚实守信顾客的价值，让他们一次又一次地购买——寄给他们特别的优惠信息；盯住他们的账户，待他们完成付款再向他们推销商品；诱导他们介绍其他顾客。

有一天，我拜访这个商家时，注意到相邻的一栋大楼。我问这栋楼是做什么的，他们告诉我说那是一个通过邮购销售女装的商家，就像我们销售家装材料一样，也是分期付款。我说："你们为什么让这样一个商家在你们旁边发展呢？你们为什么不卖他们

233

那种产品？"

于是，我们组织了一个销售同类商品的商家。我劝他们取一个女性化的名字。我们选择了一位有能力的中年女性，并将她的照片刊登在每个广告上。我们还让她在广告上署名，于是我们的广告成了一个女人面对另一个女人的诉求。

这些广告并未提到分期付款，而是谈及信用这个话题。广告诉求的对象是那些希望展现出自己最佳状态的年轻女性。广告指出了着装对女性职业生涯的意义。接下来，那位中年女性表示会帮她们达成心愿，给她们6个月时间来付清买春装的款项。

这个提议是很讨人喜欢的，不会伤害她们的自尊，还表示出感同身受的理解，表明我们的愿望就是为她们做点事儿。实际上，我们的报价跟相邻的那个商家一样，但是我们的态度跟他们不同。我们让6个月的信用听上去就像富家女在她们经常光顾的店铺得到30天的信用一样。

结果，我们一入手就掌控了那个领域。没过多久，相邻的那家就倒闭了。冷淡的商业交易无法与我们营造的充满关爱的氛围相抗衡。居高临下的恩惠与一个女人面对另一个女人以平等相待的方式提供优惠，两者的诉求效果有天壤之别。

只是在呈现方式上变化了一下，便创立了一项巨额的新业务。它也导致家装材料销售额大幅增加。

成千上万的女性蜂拥而至，大多数人都按照约定如期付款，从而建立了一定的信用。接下来，家装材料商家的总经理给这些女性顾客写了一封信，内容是这样的：

"今天，我遇到了××女士，她告诉我说您是她的顾客。她让您以信用担保的方式购买她的东西，而您也按照约定付了钱。她说您是她尊贵的顾客之一，她随时欢迎您的惠顾。

"我也提供类似的优惠。我们这里销售家居装修和装饰材料，我附寄了一份商品目录。请忽略目录中要求预付的条款。鉴于××女士对您的信赖，您订购任何想要的商品时，都不需要支付定金，我非常乐意为您发货。敬请订购您想要的商品。无须汇款。如果觉得商品令您满意，您可以在满一个月后开始付款，不用急。"

这样的提议几乎是不可抗拒的。这些女性顾客赊账订购了衣服，对能否得到它还心存疑惑。她们几乎无法相信陌生人会给予她们信任。接下来，一家大型家装材料商家的总经理写信告诉她们，鉴于服装商家的推荐，他已经为她们开立了信用账户，她们将享受特别优惠的信用额度，而且无须提前付款。任何收到这样一个讨人喜欢的提议的女人，都会想方设法来享受这种优惠。

于是，服装商家也如此，向赊购家装材料的顾客写了一封内容相似的信。她告诉他们，他们跟她之间有一个开放的信用账户。他们可以在不汇款的情况下订购任何他们想要的商品，不合适的话包退换。这位女士的信写得言辞恳切，成千上万家装材料商家的顾客购买了她的女装。

我们开始针对男装开展类似的业务。接下来，我们将一条产品线的买家介绍成为另一条产品线的买家。如此一来，常规的广告效益在我们这儿翻了几倍。仅有一条产品线的商家根本战胜不了这种集团式的商家。

这便是广告的扩散效应。从原则上来讲，书面推销和人员推销这两种营销方式殊途同归。商家提供某种优惠将顾客吸引到店里，目的却是卖给他们其他商品。这个目的可以通过正确的营销方式实现。广告文案撰稿人千万别忘记自己是推销员，卖出商品越多，他的广告业务就越发达。

还有一次邮购广告的经历将阐述另一层原理。我接了一个商家的广告业务，他们已在邮购赊账销售女装和童装的业务领域发展了30年。很多商家都在这个业务领域发展，一直都获利不少。有些从事该业务的商家每年的销售额达到了数百万美元。

所有商家都提供昂贵的商品目录。有些广告提供特殊的优惠，可能是几件按成本价出售的商品，以吸引顾客写信索要目录。结果，写信索要目录的女顾客通常会索要三四本。

接下来便要解决主要的难题：如何吸引女顾客买你目录里的商品，而不去购买其他目录中的商品。

例如，吸引女性顾客写信索取目录的平均成本为25美分。目录上如印有彩色图片，其成本至少为35美分。如此一来，你对每位咨询者的投资便为60美分。投资的效益得看每本目录能带来的销售额。

通常，女性顾客会给三四位经营这类产品的广告主写信来索要商品目录。她在面对4本全都提供吸引人的诉求的目录做选择时，确定从哪本上订购常常不是因为一时冲动就是纯属偶然。

你一定得认清这个问题。比如，你的目录到达顾客手里的成本为60美分。如果他手里有4本来自不同广告主的类似的目录，那成本总计便达到了2.4美元。经验表明，顾客的人均消费额约为10美元。所以，广告主们人均广告成本加起来就达到了人均消费额的四分之一。

若要确保足够的利润，就要想办法提升那个人均消费额。那些广告主找到我，就是希望我帮他们解决这个问题。

我策划出这样的方案：当收到女性顾客索取商品目录的信件时，我便去查阅一下她的档案卡，判断她是新顾客还是老顾客。如果是新顾客，销售经理就给她写一封信，信的内容是："万分感谢您对我们产品的青睐。我们邀请新顾客加入我们的顾客群。我要用一种实实在在的方式欢迎您的到来。随信把我的名片寄给您。我们的员工看到它就会把您的订单转给我。在发货时，我顺便给您带去一份薄礼，略表诚意。礼物是什么，我暂时保密，但我敢肯定，您一定会喜欢！"

如果是老顾客，信就这样写："很高兴再次收到您的信。由于您这样的老顾客一直照顾我们的生意，我们的利润才得以实现。争取新顾客的成本很高，但对老顾客却不用花费什么成本。为了表示谢意，我想送您一份礼物。寄订单时请您附上我的名片，到时候我们的员工会把您的订单转给我。在发货时，我会捎去一份礼物，以表达我们的谢意。"

结果如何？所有索取目录的顾客，不管是老顾客还是新顾客，都收到了那张名片。礼物具体是什么，我们没说出来，因为对好奇心的诉求会对顾客产生更大的吸引力。那张名片摆在所有咨询者的面前，若从与名片对应的目录上订购产品，她就能寄出那张名片，从而获得一份礼物。如此一来，她就会尽可能地从那本目录上订购产品。于是，每本目录上的产品的平均销量出现了大幅增长。

在提供这样的优惠条件时，一定要考虑周全。礼物必定要是每位女性都想要的东西，一定不能让人失望。只要目录上产品的平均销量增长一倍，那礼物的成本在合理区间内就变得不值一提了，因为那也意味着广告的效益翻了一番。

解决这些问题的重任都压到了广告人身上。他可能会因创作了引人注目的广告而获得喝彩，但如果这些广告不能带来效益，他不久就会遭到淘汰。他可能用低廉的成本就吸引来了咨询者，可一旦竞争对手目录上的产品销量超过了他，他便毫无办法了。做生意就是为了赚钱，能为赚钱出力的人拥有职业发展的无限可能。然而，再高调的努力只要以亏损告终就会彻底失败，永远不能卷土重来。

前文谈及的最后一种产品，还有另外一个很有教育意义的故事。在这类女装业务领域，有6家大型的广告客户。让女性顾客相信他们家的价格比其他家都要低，是他们最主要的目的。

他们公开声称自己的价格最低，并刊登出最低价的承诺：只要顾客发现更低价，便可随时退货。很快，所有商家都大喊着最低价，就像合唱般一致。所有的吆喝都无果而终，就像从来没吆喝过一样。

这就引出了一个问题：如何才能给消费者留下深刻的印象

呢？我查询了这些商家的经营数据，发现在之前的多年里他们的平均利润始终低于3%。因此，我就将3%的利润这个数据在广告上进行了推广。我们对这样的利润颇为满意，因此我承诺不会高出这个利润。我们也是以此为基础进行定价的。

在推销该产品线上，这是最早的一个商家，同时也是最大的。他们以3%的利润为基础做出的报价肯定已经接近最低价了，其他商家不太可能把价格降得更低了。所以，虽然其他商家承诺说是最低价，可消费者却只把他们的报价看作价格底线。

具体数据的重要性也在这个案例中得到证明。诸多承诺都是要被打折扣的。倘若承诺说是"有史以来的最低价"，消费者通常会不把它当回事儿。很多商家都进行了同样的承诺。然而，如果你具体说出你的利润为3%，大多数人都会信以为真。他们认为你不会在具体数字上说谎话，同时也清楚你不会在较为有名的出版物上作假。

以上这些便是我策划的一些增加邮购产品销量的方案。这些方案对我并没有太直接的影响。从广告撰稿人的角度来看，做邮购广告费力不讨好，付出努力不值得。但是，我却因此时时刻刻提醒自己，所有类型的广告都以邮购广告的原则为基础。我们卖产品就要赚取利润，若想获得成功，就必须卖得比其他商家好。广告撰稿人如果不遵循这些原则，恐怕离失败就不远了。

第十六章
成功的经验

现在，为了推崇我的那些人，我来总结一下自己成功的经验。我所谓的成功是指在开发出知名广告企业客户时我起到了作用，这些企业中很多至今依然朝气蓬勃。广告人就该做到如此。

我们做广告时要服务于三方面的利益，他们既是相互联系紧密的整体又是不同的个体。第一个就是出版商的利益，我们的佣金由他们支付。基本上，他们会将广告费用总额的约15%付给广告代理机构。这是基于我们应该提供的服务支付的报酬。我们可以提供的最好的服务在于为其开发新的广告机会。他们希望我们通过开发新项目或设法增加现行广告项目的利润帮他们增加广告总收入。

出版商们清楚，我为他们服务得很好。例如，我创作的汽车广告是广告史上第一则汽车广告。在该领域，我做了很多开创性的工作，包括为查尔默斯、哈德逊和陆上等汽车品牌做的第一批汽车广告。出版商们认为我就是汽车广告业务的领导者。我为固特异公司策划制作的轮毂无断裂轮胎的推广活动是第一个重要的轮胎广告。它出奇地成功，向所有轮胎厂家证明这条产品线的推广空间还是很大的。

在"白速得"出现之前，广告在牙膏这一领域显得无足轻重。"白速得"蹿红是广告史上的奇迹之一，而现如今每年用于推广洁牙产品的广告费已达数千万美元之巨。毋庸置疑，"爆麦粒"和"爆米粒"的成功亦推动了谷物广告的发展。棕榄皂广告取得的巨大成功造成大量肥皂广告纷纷涌现。

我帮助杂志和报纸开发业务，出版商也对我伸出援助之手。他们为我带来了很多好机会，完全是因为他们相信我在广告写作方面的服务会增加他们的收入。

作为广告撰稿人，我服务于的另一方利益便是广告代理机构。代理机构的很多优质客户都是从小客户发展来的。我负责的所有客户几乎都是那类客户。这些广告机会风险颇大，有可能一个错误就导致满盘皆输。平庸的广告或许会导致失去发展小客户的可能。这就是有能力的广告撰稿人获得丰厚报酬的原因。

以我为例，我一开始在洛德暨托马斯公司的周薪为1000美元。但不久我们商定按佣金提取薪酬的方案。之后，该公司就只支付我为他们创造了利润的服务。另一方面，我的收入都是自己挣来的。根据这种薪酬方案，我一年的佣金高达18.5万美元。所有这些都是我自己操作打字机挣来的，而且大部分都是在树林里挣来的。我没有雇职员，也没聘秘书。此外，我还收到了一些市值颇高的股份，其中一些干股来自在我帮助下发展起来的公司。

　　我的佣金一直在增长，直到它占到整个代理公司佣金总额的三分之一。在我与拉斯科先生共事的这些年里，他总是让我撰写广告宣传手册，有时会在没看的情况下就签上字，因为他相信我的人品。但自然的结果就是，别人搞不定的客户才被转交给我。我的大多数客户都是先从小范围试点推广发展起来的。

　　然而，我所做的又不独独是为了自己。我还尽我所能帮助该公司培养其他撰稿人。我和他们经常开会，讨论撰写文案的原则。对此，我没收取任何报酬。同时，我还写了很多手册，把公司的这些原则确定了下来。

　　鉴于这些贡献，拉斯科先生最终任命我为洛德暨托马斯公司总裁。然而，出于某些原因，我成了董事会的主席。后来，他去华盛顿为哈丁总统担任航运局主席时，我又担任了两年该公司的总裁。那两年我损失了不少钱，由于我有了其他职责，我的佣金下降了。作为总裁的我，不但没多余的薪水可拿，还要在新客户身上花很多时间。我每天早上都要主持公司领导层的晨会，帮助解决公司所有业务员遇到的难题。在那两年里，我没为自己谋福利，意思就是我没有获取任何可以收取佣金的客户。我不希望别人说我利用职权来保障自己的收入。结果，我自己的收入严重下降。不过，拉斯科先生一直都明白，我会让他的利益先于我的利益。他对我的信任无须言表。有一次，为了补偿我，他给了我一张1万美元的支票，说是用于撰写《科学广告》一书。

　　那是我职业生涯里的一个重要因素——别人对我产生的信任。那要归功于我的苏格兰血统。拉斯科先生曾一度把我作为他的财产托管人。我一次次地拒绝接受他给的我觉得不该要的部分。当依照合同要求需要支付给我三分之一的佣金时，如若我觉得自己在其中并未起到重要作用，我便会拒绝接受那个客户的佣金。拉斯科先生总愿意多支付报酬给我，这大概就是我跟他的唯一分歧。

我认为这种态度是成功的关键因素。分配要绝对公平。在巅峰时，一个人会一时高估自己，但时间不会太久。做生意就是为了赚钱，生意伙伴会排除那些占去太大份额的人。

广告服务的第三方利益便是广告主自身。我把他放在第三位是因为从我对广告的理解来看，他似乎应该排在第三位。虽然不为他服务我们就谈不上为出版商或广告代理机构服务，但出版商支付佣金给我们，而广告代理机构选择并雇用了我们。作为初学者，新广告主通常不会对我们抱太大的希望；而总是从一个代理机构换到另一个代理机构的老广告主，也并非很有价值的客户。他们的抱负落空了，而对很大一部分失败的案例来说，其失败的原因已无法纠正，所以他们通常会再次更换代理机构。

那些出手就大笔广告费的企业并非我最关心的广告主。这样的广告主，我可以举出数十个，达成他们愿望的可能性微乎其微。不断有广告代理都因试图达成那些无法实现的目标而失去了声望与名誉。

那些为我们带来新的广告机会的广告主是最有价值的客户，这样的客户很多。但这样的机会包括一次试点推广活动，其成本低于5000美元。广告代理公司策划一场这样的活动的佣金是750美元，可如果聘用一位知名广告人来策划试点推广活动，其成本很少会低于20000美元。负责推广的人员也许要花费数周时间查阅资料并进行调研。

在此类案例中，风险主要由代理机构来担。通常，无论结果怎样，广告主都能收回他的成本。真正的风险由代理机构承担了。

失败意味着广告主有些许损失，而代理机构则损失惨重。成功对广告主而言可能意味着数百万的收益，而对代理机构而言，只要他能得到广告主的垂青与认可，也只意味着15%的广告佣金。所以，我并不感激同意让我做试点的广告主，他们只是在我这里碰碰运气。

这就是我把广告客户排在最后一位的原因。但其他的一切都要依赖于广告主的成功。我们对出版商负有义务，因为他们支付佣金给我们；我们对代理机构负有责任，因为他们给予我们机会。对广告客户我们没有太多的义务和责任，但是一切都取决于这种态度。

广告的成功取决于这三方面的因素。三个方面的利益都要满足，所有人都在苦苦寻求利润。让三方都满意的唯一方法就是让你所承担的工作为他们带来利益。

我一直致力于服务广告主。只有它成功了，我才能在其他两方面取得成功。我忘记工作外的事，因为广告主一旦遭受失败就会永远说广告不好。我知道，失败在大部分情况下都不可避免。因此，在我们确定可以盈利之前，我从来不冒太大的风险。倘若方案失败了，那是产品或条件的错，而不是广告的问题。广告主的损失很小甚至可以忽略不计。如果成功了，广告主的回报可能就会达到数百万美元。

我是如何在这种情况下获得如此多的巨大成功的？仅仅是因为我犯了很多小错误，并从每次错误中吸取了教训。我不会两次都犯同一个错误。每隔一段时间，我就总结一些很实用的广告原则。事实证明，那些原则一直都有效。

当时广告业正处于发展初期，这种习惯耗费了我大量的时间。在这项当时尚处于初始阶段的业务，我比任何人付出的时间都要多。我付出了太多时间，做出了太大的牺牲，我不希望我的儿子重蹈我的覆辙。这就是我写这本自传的目的——帮助其他人从我完成的地方开始。

A·D·拉斯科先生是一位智者，经常把我的成功归功于我在普普通通的老百姓当中的生活。他总是希望我在这片树林里工作，我正是在这里书写着自己的故事。我已经这么工作了20年。在这个地方，跟我交谈的大多数人是我的园丁和他们的家人，以及住在他们附近的村民。我了解他们购买的东西以及购买的原因。这些原因常常会让很多人感到惊讶，因为他们对事物的印象来自高尔夫俱乐部的同人。

很多时候老百姓购物跟省钱没关系。我们常听到工资水平高的人吹自己如何会算计省钱，他们不觉得这有什么好自卑的。但是，对不得不精打细算过日子的人来说，反而会拒绝树立节俭持家的形象。一件价值15美元的真丝衬衫在体力劳动者中流行，其他阶层的人却在购买棉布衬衫。商店里的女导购要买丝质长裤。我推销化妆品的经验也深刻证明：价格便宜的香水等商品不能吸引本该勤俭节约的女孩，她要买的往往是"最有钱的人"用的那种。

我周围有很多人，工资不高，但他们对成本的考量却比我少得多。来我家的女保洁，不但经常开自己的车来工作，对古董收藏也有着狂热的喜爱。她曾淘到很多价值不菲的好物件，但后来生活陷入困境不得不变卖，我们还从她那买过几件。

我认识的人当中最骄傲的莫过于打理我乡间住所的工人。如果你以价钱划算为理由向他们提出某些建议的时候，他们内心会对你充满排斥，因为你伤害了他们的自尊。反而是你向那些不差钱的人发出同样的诉求时，他们能高高兴兴接纳你的建议。

这仅仅是举例说明我们跟老百姓打交道可以获得什么经验。他们的数量占到了消费人群的95%，美国就是这样一个平等的国度。

我策划的每一个推广活动或者制作的每一则广告都是以这占比95%的人中的某一个个体为受众的。我不关心公司高管或者董事会成员的意见，因为他们的观点大部分时候都在混淆是非。我只倾听我身边那些普通人的声音，他们才是美国的代表。他们才是我们的目标人群，他们的反应才是唯一重要的参考。

还有另一个由凯迪拉克汽车广告所代表的领域，其中也活跃着很多有才干的广告人。工薪阶层很难进入圈层。但这算不上一个提供了开阔发展空间的广告领域。我把我的目标人群定位为"普通百姓"，我推销的也是他们喜欢的产品。

第十七章
科学广告

因为我写的一本书，我的名字与"科学广告"联系在了一起。它是指做广告应该从固有原则出发，并要遵循基本规律。这些原则是我36年中对广告进行追踪研究，推广了数百条不同产品线的经验总结，也是我通过对某些产品线追踪到的收益以及成千上万份的文案进行比较得出的结论。从我首次寄出1000封信到我每年都收到500万美元投资，我始终坚持要见到成本和收益的记录。所以，我很自然地就验证了很多做广告时百试百灵的基本规律。

大多数广告理论我都不屑一顾，原因是它们没有被验证过，仅仅基于有限的经验，只有在特定的条件下才成立。在广告方式的运用上，有些产品线的推广似乎取得了成功，但每种产品追踪到的收益可以证明，推广方式不可能是它们成功的原因。很多产品线不做推广也能非常成功，可能是因为消费者很快发现产品质量很棒，或者因为经销商受到某种优惠的吸引而对产品进行促销，或者因为产品名称本身就展示了一个吸引人的故事。

"麦乳"就是一例。仅仅这个名字本身就讲述了一个故事。"留兰香口香糖"也一样。所有口香糖成功的好运气，皆因拥有一个故事性强的名字。除了名字之外，便无故事可讲，不同口香糖间也没什么值得说说的不同之处。凭借某个商品名字发达的商人，在使用其他商品名字时往往是失败的。

基于有限的经验得出的结论必定会让人误入歧途。适用它们的案例也非常有限。唯有那些准确了解广告效益，对不同产品线数千种文案的效果进行过比较的广告人，才能总结出可靠的原则。邮购广告便能够依此操作，所以能为我们提供基本指南。

以科学的方式做广告，要求广告人必须将广告看作推销员。一定要像对待推销员那样，对广告进行逐一比较，一定要让广告对盈亏负责。盲目地做广告将什么也得不到，还常常会栽跟头。

在本书中，我介绍了几种我们追踪收益的方法，但是我们也发现，某些方法在一条产品线上有效，可在另一条产品线上就不适用了。另外我们发现，不同盈利方法之间，存在三四倍的效益差异。所以，虽然做广告要遵循一些固有原则，但我们还必须进行广告测试。不过，有些基本规律已经确立了好长时间，了解收益的广告人对其普遍认可，所有聪明的广告人都可以识别出这些原则并对其加以广泛的运用。在本章里，我只围绕这些普遍适用的原则展开论述。

对于做广告来说，有文采的文字毫无用武之地。独特的文风会分散读者对主题的注意力。所有明显的销售意图都会让人心生抵触，雄辩的陈述会让人担心自己被牵着鼻子走。除了介绍产品的优势和提供服务，任何带有销售企图的暗示都会导致广告失败。

广告人要保持自然朴实，言语不要太过夸张和炫耀。这与钓鱼的道理一样，想让消费者上钩，就不能把鱼钩露出来。千万不要炫耀。你是在推销产品，而并非在推销自己。别让任何事物遮挡住你的目标。尽量用最简洁的语言，而且句句听起来都要让人觉得发自肺腑。

从始至终都要提供服务。那才是你该推销的东西，是任何潜在顾客都希望拥有的东西。广告文案中每句话都要用这个标准来衡量。别为任何其他目的白白浪费版面和费用。我以前看到过很多广告，就因为一句话被不幸扼杀。那些话通常是一些自私的话，透露出别有用心的想法，令人厌恶。比如，"坚持用该品牌""别买仿制品""当心替代品"等。消费者并不赞同这种诉求透露出的动机，因此也就起不到积极的作用。

你应该完全忘我，头脑里想象着一个典型的潜在顾客，他对产品颇感兴趣，期待看一看推广该产品的广告。试想这位潜在顾客站在你眼前，你说的每句话都应该是为了加深他对产品的印象。你觉得优秀的推销员在面对这位潜在顾客时会如何推销产品，那你就如何推销。倘若你可以面对面将产品推销给顾客，那你就可以通过广告将它推销出去。

别自我吹嘘。别吹嘘你们家的厂房或你们厂的产量。别大谈特谈你感兴趣而顾客不感兴趣的东西。自我吹嘘令人反感。

你的目的是促使顾客行动起来。广告读者在翻阅杂志或报纸时，倘若其目光在广告上稍做停留，那是因为广告的主题或标题引起了他的注意。然而，他的目光不过是在广告上停留片刻，便继续津津有味地接着读杂志或报纸，常常已经完全忘记了广告。而在读者目光停留的那一刻，我们便要通过某种方式，鼓励他们立即行动。优惠券是一种常用的方式，人们会把它剪下来。尽管他们并不会把手头的杂志或报纸放下，但他们剪下了优惠券，以提醒他们刚才已经决定要做的事。女人会把它放在桌子上，男人会把它放进马甲口袋里。之后，在一些方便的场合，它就会提醒人们行动。它被寄出，或为了索要样品，或为了获取更多的产品信息。此时，你便有机会跟进感兴趣的这些人。

无数次的测试表明，优惠券能够使广告效益成倍增加。我看到过许多邮购商家通过提供产品目录进行测试。有些广告含有优惠券，有些则没有，两者的回报天差地别。

人们都是拖拉的，总是推迟行动，继而忘记行动。很多广告主就这样失去了大半的潜在顾客。大家都负担不起这样的损失。

还有其他一些方法可以促使顾客行动。"周"促销就是其中一种，零售商在某个特定日子或时段推出的优惠活动也是一种。限时优惠都是一样的道理。用某种优惠诱导顾客迅速行动，避免拖延，这是十分重要的。

轻浮在广告中没什么用处，幽默也一样。花钱通常是严肃的事。这不适用于娱乐广告，但它适用于其他所有行业的广告。金钱象征着生活与工作，需要十分严肃地对待。对大多数人来说，把钱花在一个地方，就意味着在另外一个地方要节俭。因此，花钱通常都有一个严肃的目的。人们希望物有所值，他们希望买到的东西比把同样的钱花在其他地方更有价值。

不该轻视这些主题。真正了解普通人的撰稿人不会草率行事。金钱是付出劳动辛辛苦苦赚来的，很少有人觉得钱足够多。一般人在花钱之前总会权衡再三，好确定将它花在何处。全然不顾人们对金钱的诉求，你就永远也不会得到它。

这一点被"阳光吉姆"和"一尘不染的小镇"，还有其他很多被遗忘的案例证明了。因轻浮而获得永久成功的广告，人们一例也举不出来。人们不会在小丑那里买东西。

永远别追求娱乐效果，这并非广告的目的。在提供阅读材料的专栏里，人们能够获得娱乐。若想盈利，你提供的唯一让读者感兴趣的东西应该就是人们想要的产品。

别跟小说或新闻栏目一争高下，也别跟插图和漫画竞争读者。那样做你可能会赢得关注，但那些关注都没什么价值。你以这种方式吸引来的大多数人都不会对你的主题感兴趣。

广告栏和阅读材料栏有各自不同的用途，你不能利用任何相似之处混淆视听。即便能够做到，也不应该尝试。吸引一位对广告主题没有丝毫兴趣的读者，对广告主来说也没什么好处。倘若推广方式正确，任何值得推广的产品都会比小说更有趣。也许在未来的几年里，它可能帮你节省开支、提供方便或带来快乐。娱乐是短暂的，为什么要牺牲你重要的诉求来获取变幻无常的关注呢？

广告意味着针对数百万人进行推销。因为它的受众面广，所以成本非常高。全国范围的广告，平均每个词语的成本至少为10美元。我们必须清楚这一点，让每个词语都发挥到淋漓尽致。去掉每个不值10美元的词语，永远不要重复。当然，也要注意行文流畅，别让文案显得生硬，但必须那么做。

推销员若是浪费时间，说废话或者总是重复相同的话，可能每小时就要损失1美元。若是广告出现了同样的错误，浪费的成本是每一个词语10美元。代价如此高的浪费应该引起我们的重视，因为做广告，利润和亏损之间的差别通常不会很大。如果很容易就能获得成功，那么该领域就会人满为患。事实上，广告的成功大多来自物尽其用的高利用率，广告的失败大多缘于浪费。

别以任何方式浪费版面，它价格不菲。记住，我们阅读的文字一般都是8号字体。大部分邮购广告主采用的都是6号字体，其推广的产品其实比普通阅读材料更有趣。尽管如此，不计其数的广告主在做广告时都选用了更大的字号。我不晓得他们为何要这样做。显而易见，人们经常用的字号是最易读的字号，不同以往的方式总会给我们带来阅读困难。

广告主们全力争取的是顾客的关注，可他们总是绞尽脑汁逼迫顾客关注，而不是吸引他们来关注。突出的字体就是他们采用的一种方式。任何追踪广告收益的人能够很快就证明大号字体并不能带来更多回报。广告占据的版面加倍，广告的成本也要加倍。所有邮购广告以及其他追踪到收益的广告形式全都证实了这个问题。倘若广告展示了大家感兴趣的产品卖点，即便采用读者常见的阅读字号，他们也会饶有兴趣地去读。倘若广告内容不吸引人，那不管用什么字号，大家也不愿意看。又或者，即便他们真的看了，也不会带给你什么好处。

出于相同的想法，许多广告主将广告标语全部印成了大写字母。他们觉得这样看起来更加突出。可是，我们阅读的东西通常都是用大小写两种字母来印制的。我们已经习惯了阅读这种形式的内容。每次看到统统用大写字母编排的语句，我们得仔细琢磨半天才看得懂。或许这不是一个致命的缺陷，但终归是有百害而无一利的。干吗不采用大家习惯了的自然平常的方式呢？

接着介绍一些与广告艺术设计有关的原则。广告主愿意采用更多的图片。如今这种趋势愈演愈烈，许多广告主甚至愿意花1500～4000美元买一幅广告用图。

据我所知，没有任何测试能证明这种支出能带来回报。我也从来没听说过彩图比黑白图带来更大回报的案例。虽然彩图的使用频率越来越高，却很少用在追踪收益的广告之中。

我当然相信，对于果品和甜点等产品线的广告来说，彩图或许能够被证明更能盈利。不过据我所知，迄今为止，对任何产品线来说，追踪到的收益都不能证明额外花钱使用彩图的必要性。我做过很多比较。曾有一本著名的广告学期刊征集过有关彩色广告带来利润的文章。但我到现在都没留意到有这样的确切证据。

这是个有待进一步研究的问题。精美绝伦的艺术作品和五彩斑斓的艺术作品尚未证明自身有优势。即使它们在某些产品线上确实带来了更多收益，但对于这样的结论是否可以应用于所有的产品线，我还保持怀疑。

这种激励因素与销售技巧无关。人们很少关注推销员的着装，我们则认为过度打扮是一种错误。广告之中的推销技巧也是一样的道理。因为外观精美而使销量增长的案例，我从未听说过。据我所知，其他人也都没听说过。精美的艺术作品就像过度修饰的语言一样，只会让买家保持警惕，这便是我的观点。

经验告诉我们的另一项要遵循的原则是广告内容须完整。人们不会去看一系列的广告。广告主在今天吸引了顾客的注意，可这些顾客或许好几个月内都不会再关注他。所以，一旦你获得一个广告读者，就要把所有的观点全都提供给他。开展推广活动时，发现能引起关注的诉求，我们就加以保留；发现有些诉求不具有吸引力，我们就放弃它们。通过在标题中突出各种诉求点，我们找出能引起关注和不拘具有吸引力的诉求。我们可以发现一种广告思路是否引人注意，由此便能够对广告的诉求点做相应的评价。

同样购买一种产品，不同的人会有不同的缘由。每则广告中都应该包含所有经测试证明的重要诉求。不然，我们极有说服力的观点就没办法呈献给感兴趣的读者阅读。

我们不能奢望读者反复阅读一个广告。如果我们的主题能够吸引他们，他们便会关注我们片刻。此时，是打动他们还是错失他们，全在我们了。倘若我们没办法以充满诱惑力的方式介绍一种他们想要的产品，他们便再也不会看我们的其他广告了。

我们不能错失这个机会。我们发掘的每个诉求，只要吸引了一定消费阶层的顾客，都应该包含在每则广告中。

广告内容的表达方式是多种多样的，有些令人信服，有些则不然。夸大其词的广告语反而没有效果。说某种产品"全世界最好"并不能给人留下印象，因为顾客对此种广告口号已经有了心理预期。或许读者并没指责我们言过其实，但我们却不能令他们信赖，广告的效力在他们眼中自动变小。

"有史以来最好的产品"或"同类产品中的至尊首选"，当我们使用这类说法时，人们会认为我们只是暴露了虚张声势的弱点，因而一笑了之。或许他们内心并不反感，但无论我们说的是什么，他们都不会全信。

如今，随着广告概念的普及，人们普遍认为广告一定要实话实说。他们清楚，我们不可能在较知名的媒体上故意误导消费者。然而，他们并不觉得言过其实的说法会误导消费者，因为它从来没对消费者产生过误导作用。

另外，倘若广告提供了确切的数据或具体的事实，人们就会全都相信，因为如此具体的说法不是真的就是假的，而大家都觉得拥有良好声誉的人或商家不太会撒谎。

广告一定要提供确切的数据，表述具体的事实。拿钨丝灯来说，声称钨丝灯比其他灯更亮，只会给消费者留下浅浅的印象。但如果说钨丝灯比碳丝灯亮三又三分之一倍，他们就会觉得你们诚实地做了比较，从而完全相信你的说法。

一切皆是如此。笼统的说法给人留下轻浅的印象，说服力太弱；明确的说法却能获得充分的信任和效果。广告读者会自己判断广告内容的真假，而他们都觉得后者的广告内容真实可靠。

永远别以负面的方式做广告。做广告时要始终表现出事物讨人喜欢的一面，而不是令人厌恶的一面。不要用图片或文字展现事物的弊病。你的诉求对象已经受够了那些不幸。在广告中展现并突出表现为使用你的产品或服务，他们会更快乐。

幸福、平安、美貌和满足一直以来都是人们孜孜追求的理想。既然如此，就帮他们指出达成这些理想的途径吧。展现生活幸福的人，而不要展现遇到不幸的人；给他们讲讲正确方式带来的结果，而不是错误方式产生的后果。比如说，任何牙膏厂家都不会因为展现脏兮兮的牙齿，或者大谈龋齿和牙龈出血而让买家记住了他们的产品。唯有强调美好的一面，才能触摸到成功。

一切的广告经验都表明人们不会为了预防疾病而提前做准备。他们总是指望问题来了会自己消解。为了治好病，人们会竭尽所能，但是正规的广告很难由此切入。人们始终寻求的都是好处、改进和满足欲望的新方式。他们不太愿意提早预见灾难。对大部分产品来说，做广告时不用费心提到不幸，因为遭遇过不幸的顾客只占很小一部分。

许多商品做广告的成本太高，没必要尝试推广。广告人一定要避免推广它们，否则会遭受打击。该类商品包括膏药、杀菌剂、哮喘或花粉病特效药以及治疗风湿病的按摩油，等等。它们的消费人群很小，通过全面发行的媒体推广它们的成本太过高昂，恐怕数十年都难以收回。另有一些商品，其赢得顾客的成本要耗时多年才能逐渐收回，原因在于重复购买它们的周期太长了。

我知道，对于很多家家户户必需的商品，我们有足够的理由说服人们购买，他们在了解情况后也都会购买。不过，这些商品通常买一次就能用好几个月甚至好几年，而获得顾客的成本远超首次销售的利润，再次销售获利则需要很长时间。很可能尚未等到转亏为盈，广告主和广告人就已经失去信心了。

全世界到处都有该类商品：有些商品仅能迎合1%的少数人，有些商品等到资金断流、没了耐心都没有再次销售。能力很强却因推广此类商品而丧失信心的人，我见得太多了。

还有一件需要准确了解的事，即何种类型的广告标题诉求面最宽。很多时候，我仅对广告标题做了一点点改动，广告收益就增加了8到10倍。

广告的标题就是跟你的目标受众打招呼，就如同酒店的前台跟琼斯先生打了个招呼，之后告诉他有人留给他一个口信；又或者，跟新闻报道的标题一样。我们所有人都会根据标题的指引找到想看的东西。

要考虑一般读者的想法。你堆放在自己眼前的材料，可能多到永远都看不完。这时候，你可以通过浏览标题找出想看的材料。阅读广告也是如此。

我们一定要找出让人印象最深刻的诉求。我们发现这些诉求的方式，便是追踪收益的广告测试和比较广告标题。比如，我们发现前一种标题吸引了25%的潜在顾客，后一种标题吸引了50%的潜在顾客。接下来，我们肯定会根据不同的结果选用合适的标题。

采用其他任何一种方式都可能带来巨大的浪费，而只要追踪广告收益，我们就可以很快搞清楚这个问题。对于任何产品来说，数个好广告之间的差异有限，原因在于每个广告的内容都是完整的，而完整就意味着这些广告极其相似。它们之间的主要差异就是标题不一样。

有时候，不同标题吸引的读者数量有多达10倍的差异。广告人要想吸引更多读者而获利，就必须获取这样一些结果。有的人会用恭维的口吻展现一个广告的主题，而有的人的口吻会让读者觉得伤了自尊。有的人从自己的利益出发向读者发出诉求，而有的人的诉求就是要为读者提供服务。有的人完全是为了推销产品，而有的人只是为了取悦读者。诸多不同之处都影响着人们内心对产品的态度，是促使人们行动的因素。

还有很多影响消费者心理的因素，其中包括对消费者自尊心和个性的尊重。广告人必须知道怎样利用这些心理因素，激发消费者的情感共鸣。这些不是教教就能掌握的。能够做到这些都是出于善良的本能，对他人的关爱和包容，以及取悦他人、服务他人的愿望。与其他人格格不入的人根本就学不会这些。

了解消费者心理的最好办法就是挨家挨户兜售商品，我是这么认为的。许多优秀的撰稿人在这方面花费了大把的时间。通过面对面地与人接触，他们了解了消费者喜爱什么和反感什么。之后，他们将了解到的东西应用于广告诉求的决策。

这些因素必须全面考虑，它们构建了广告的基础。倘若不这样做也能行的话，那么信写得好的人都能写出好文案了。倘若不考虑这些因素，随便展示一下就能推销产品并获利的话，那么雄心勃勃的广告人也就没什么用处了。

第十八章
我的最大失误

圣诞节的前一天，也就是我通过邮件方式推销地毯清扫机大获成功的那年，必胜公司总裁M·R·毕塞尔先生叫我到他的办公室，他对我说："你的营销才能让你具备成功的资质，你现在为我工作太委屈你了，事实上你可以像我一样自己去创业当老板。"

然后，他给我讲了自己的奋斗历程，如何屡屡拒绝别人的高薪聘请，拒绝铁饭碗的诱惑，选择自己打拼，最终踏上成功的顶峰。

最后他说："硬把你留在公司的话，我就太自私了。当然如果你留下的话，工资明年一定会大幅提升。但坦白讲，我不建议你留下，也不希望其他人赚取你用才能换来的劳动果实。"

但最终，我的苏格兰保守主义思想让我选择了留下。这是我一生最大的失误。因为之后不久我就结了婚，这时候再想自己创业牵绊就太多了。我的一生也因此都用来效劳别人了。

然而，我的同事纷纷离职开始创业，用的都是我教给他们的方法。弗雷德·梅西开始运营邮购家具业务，仅仅几个月的时间，就招聘了90个员工。接着，他成立了现在还在营业的弗雷德·梅西公司。A·W·肖操持起办公体系建设业务，而后创办了《体系》杂志，取得巨大成功。我的室友E·H·斯塔福德离职去生产课桌椅，创办了E·H·斯塔福德公司。从那个时候一直到现在，我都认为，除了胆识，我跟他们一样具备成功的品质。比起他们创业，我被聘请去帮别人实现目标可能更难，但我仍然羡慕他们的自由、自主、独立，我用了35年的时间努力争取的就是这样一种状态。

我帮助很多人发家致富，扬名立万。他们中很多人，或者说绝大部分人，最初都是不名一文。广告营销可以说是他们事业成功的主要原因，甚至是唯一的原因。对于通过邮购营销的大部分产品来说，广告的作用显而易见。事实上，很多其他产品营销也是同样的道理。早餐、药品、牙膏、清洁剂等产品的生产难度并不大。大部分厂家一开始都是委托其他厂家生产，推销员也还没被聘用，这个时候最终的生存手段就是依靠广告。

我在前面已经说过，这些产品如何在开始销售的时候进行小规模试点推广了。其中，广告人完成了90%的工作。商标所有者承担的风险最小，甚至可以说不承担任何风险。如果试点失败，那么付出了时间和心血的广告人损失最大。试点成功，广告人按照合同收取佣金，利润归商家所有。可以说，广告人做的是幕后性质的工作，得不到应得的尊重和认可。

业务发展起来后，商标所有者的财富和名气也随之不断高涨。而广告人的重要性随着业务开展变得越来越微弱。处于上升期的业务，即使是普通广告也能促进销量。但这在业务开展初期，几乎是不可能实现的。

广告人坚守自己的方式，害怕改变，事实上改变大部分时候也是不明智的。赢得新客户的最佳方法通常就是已经得到验证的赢得大部分客户的方法。然而，对一个每则广告都仔细阅读的人来说，广告容易变得乏味。他们总想尝鲜。也因此，拥有大广告客户的广告人迟早会失去这个客户。为了保证收入和正常运营，他又必须不断开创新业务。

我后来渐渐转入专门从事专利药品和食品等人们复购率高的产品的营销工作上来。这些产品为广告提供了绝佳的展示机遇。一次性买卖的商品之所以得不到广告人的青睐，是因为利润必须在那一次销售中产生，而且这样的商品能够吸引到的只是少数消费者。广告人大部分利润来自家庭日常消费的产品。这些产品永远有推广的必要。比如，母亲教会孩子选用的食品，应该永远被铭记。

但是，这一类产品必须逐渐开发，开发过程又非常缓慢。在这期间，广告人承担了大部分工作。当广告人为他人工作时，就像我35年来一样，他得不到产品利润的合理分配。而且，以他的工作性质而言，他的聘用期也不会太长。

我经常在想，如果我把我得到的佣金投资我扶持起来的企业，那么我得赚多少钱。保守估计也得赚好几百万美元。但我没这么做的原因在于，我对自己没足够的自信。我总是装作对崇尚利润第一的商业主义不屑一顾的样子，自己的工作属于创造性强的更高层次的工作。因此这么多年以来，我一直眼睁睁地看着别人日进斗金，自己最终得到的只是一点不温不火的名气。

但我夫人却野心勃勃，她经常把我从混沌中惊醒，一针见血地指出：金钱比名声重要得多。而我的那些雇主们又是怎样利用我找到了赚钱之道。

我最终采纳了她的意见。在为别人服务了很多年之后，我开始创业。仅仅靠分享创办业务得来的利润，我就已经比以前得到的所有佣金都多得多了。

我第一次试水是投资"白速得"牙膏。我买入1.3万美元的股份，分红是20万美元，之后我出手股票又成功赚得50万美元。

于是，在大多数人忙着退休的年纪，我却决定开始做毕塞尔先生在我21岁时建议我做的事。我开始创业，为自己工作，不管企业最终是亏损还是盈利，我都要将自己的命运和企业发展紧紧联系在一起。

我脑袋里想法很多。第一个做的是化妆品生意。我曾经研究过这类产品的数据，知道女性每年在化妆品上的支出总计能达到7亿美元。这项支出比其他所有产品支出的总和都要高。因此，我筹备了一条化妆品生产线，但还缺乏一个营销视角。化妆品领域基本都已经饱和，化妆品知名代理商的货架堆满形形色色的产品。每周还有几十个新化妆品厂家来找他们推销产品。没有哪条产品线可以主导市场。当一位女性顾客决定去商场购买某款产品时，面对的都是来自不同商家的导购向她推销其他产品线的化妆品。

我派专人去巴黎和维也纳寻找独特的原料配方，这是能让我的产品具备独特优势的地方。然而最终他们什么也没找到，因此我决定放弃这条产品线。

巧的是，那时候埃德娜·华莱士·霍珀正在芝加哥演出。一天上午，曼德尔兄弟百货公司在报纸上宣布霍珀小姐下午将造访位于商店四层的美容柜台。我派人悄悄打探消息，得到的回复是整个楼层的人里三层外三层，同一层的其他柜台不得不腾出地方，以容纳想要一睹霍珀小姐芳容的女性粉丝。

埃德娜·华莱士·霍珀事实上已经到了做奶奶的年纪。很多年岁大一些的女性都记得她19世纪90年代早期的容颜，那是她风华正茂的时候。在她们眼中，她看起来还是19岁的女孩，不管是头发、身材还是肤色都好像涉世未深的少女。所有女性都迫切想要知道她永葆青春的秘密。

曼德尔公司的经理建议她来拜访我。他建议她说："你应该好好利用你的名声，把你保持青春美貌的秘诀传授给其他女性。"

第二天，埃德娜·华莱士·霍珀拜访了我。她给我带来了很多宣传素材，包括报道她的报刊，以及她自己写的如何永葆青春的文章。

也正是在那天，我找到了推广化妆品的视角。现在就有这样一个女人，一个在美国人人谈论的女人，一个35年前就因美貌容颜家喻户晓的女人，一个40岁仍然保持美貌青春的女人。一切都因为她寻找到了永葆青春的秘方。

我和她签署了一份合同：她把配方、姓名和声望等的使用权给我，我则按照她提供的方法生产产品卖给其他女性。她几乎倾其所有，才得到这些配方。而她就是美容产品功效活生生的展示招牌。靠这些产品，我们一起创办了大规模的化妆品业务。我们从没聘请过推销员，也没找过经销商进货。我们的目标只是赢得消费者。为了赢得女性粉丝对霍珀小姐所做出的研究的敬意，我们勤奋努力，然后让她们去吸引经销商进货。

很多厂家一开始都把自己的产品推销两到三遍。他们先向批发商推销，批发商一般要求20%的利润，但他除了执行我们争取到的订单，其他什么也不做。他把做生意的开支递给我们，事实上这大部分都应该是他从竞争对手那儿争取的费用。他希望我们承担一定的费用，但消费者从哪个经销商那购买产品与我们无关。他的推销员也不为我们所用。

零售商也试图从新兴企业获得最大化的利润，只要推销员去找他，他就一定会要求得到优惠价格，诸如一些免费赠品或者其他额外的利润等。

任何这样的让步都可以说是一个难以克服的不利条件。你的成功源于消费者，如果消费者被吸引到经销商那购买你的产品，经销商自然会大批量进货。经销商要进货，批发商就会供货。广告失败的原因就在于把产品重复推销。先是推给批发商，他得到一大部分利润，再是推给零售商，他又得到额外的赠品和优惠。但最终所有的收益来源于消费者，所有批发商和零售商的需求，也都仰赖于你对消费者的影响力。

　　千万要记住这点。批发商和零售商都有他们自己的品牌，他们不想让你占据任何上风，他们能产生影响的销量也永远不是针对你所掌控的产品。如果他们能够对销量产生影响的话，那么他们售卖自有品牌所产生的利润会是销售其他任何品牌产品的4倍。

　　这个事实也侧面印证了新企业做推广时最令人遗憾的事。广告主花大价钱吸引消费者关注，又花钱招来推销员把产品推销给批发商和零售商。他做出各种让步，提供各种各样的优惠，其结果都是希望这些人来供应自己创造出来的市场需求。然而，最终留给他的却寥寥无几，费用却必须全部由他来承担。在这种情况下，他永远没有胜出的机会。这就像一个生意人承担了过高的费用：生意阶段的各项支出、承担各种风险同时做出所有努力，而利润却在这过程中全部消耗完。

　　到今天为止，埃德娜·华莱士·霍珀产品线拥有23种产品。所有产品的配方都是霍珀小姐发现的。任何一位女士一旦试用其中一款产品，就会希望拥有全部产品。最终使用霍珀小姐一种产品的顾客成了她所有产品线的忠实客户。产品线每次售卖的平均利润是1.78美元，而牙膏的利润是50美分，剃须刀是35美分，香皂是10美分。我们的广告收入根本不能支付营销成本。但是，一种产品带动了另一种产品的销售，我们又拥有多条产品线，整体利润几乎来自很多支线产品。

　　在这个全新的领域，我创办了众多事业，这只是其中一个。有些产品因为种种原因或许注定会失败，但好在损失并不大。如果我为别人所做的推广也失败的话，那么他们承担的也是这样的损失。但一旦成功，我赚取的就是几百万美元的利润。

所以，这就是我的未来。我已经着手给自己开辟了新的事业天地，并已经尝到了盈利的甜头。我不再为了一份并不高昂的佣金而为他人效力。我过去做过的推广企业现在都势头正盛。现在我自己开办的业务，即使只有一项成功，所产生的利润都比我做撰稿人挣得多得多。当然，我也清楚地知道，对大多数人来说，这算不上什么金玉良言。平庸的人仍然需要在别人的带领下前进。决定成功的因素有很多，大多数人只具备其中一两个。我现在的事业局面也是在跟他人合作了几十年后才得以开创的。

真诚希望能有人从我的这些经历中得到启发。我竭尽全力为大家指明了广告的成功之路。这些道路通向不同的远方，至于哪一条更好，就由你们自己决定吧。

第十九章
个人琐事

　　鉴于本书是我个人事业的成功记录，也是对其他人的鼓励，不妨也介绍一下我的个人生活琐事，我的爱好、生活习惯等等，因为这些也是组成我成功的一部分。长期以来，我的生活都以工作为重。我对工作的痴迷类似于其他人爱玩。工作既是我的职业，也是我的快乐。小时候，我就利用业余时间挣钱养活自己了，那时候根本没时间玩儿。长大之后，我利用好每一分时间，迫切希望掌握所有的销售知识。对我而言，工作就是一切，它能让我忘掉所有一切。我从没打过高尔夫球、网球、棒球。我妈妈是苏格兰长老会的教徒，她的教义里不能跳舞、打牌、看戏。长大后的我，也因此没沾半点这类娱乐。后来我买了车，但我自己几乎没有驾驶过。

　　我参与过的主要慈善工作是激发男孩、男人对工作的热爱。有很长一段时间我参与的是一个协会的工作，这个协会拯救失足少年，带他们到农场干活。通过这种方式，拯救了数百名男孩。从乡下住所回芝加哥时，我总是在早上6点到达芝加哥。很多年来，我都是步行去格兰特公园，那里差不多有几十个睡报纸的流浪汉。我常常会花大概一个小时的时间来劝说他们去工作。作为"美国志愿军"的一个负责人，我对和监狱相关的工作特别上心。我曾陪同莫德·巴灵顿·布斯在乔利埃特监狱做过报告，为芝加哥的"希望之家"出过力，那是我们协助获得假释的犯人的临时住处。我那时候的主要贡献是每周日下午做一场报告，主题是"工作的快乐"。

我还给杂志投过稿，主张不管男女都要工作。为了她的幸福着想，我一直坚持让我的单身妹妹像我一样继续工作。她现在在一所高中教书。我建议我的一个女儿做演员，另一个女儿从史密斯学院毕业后结了婚，做了母亲后在我的建议下重拾工作，现在是妇女俱乐部的主席。甚至有一段时间身兼两个俱乐部的主席。还做过一段时间的演讲。我的妻子每天工作将近14个小时，她培育出了密歇根州最美的花园，堪称我家的首席园艺师。每年夏天，都有很多人来参观我们的花园。我妻子还打理着我家的乡间住所，让那里每天都是车水马龙。一个夏天大概需要提供3500份早餐。她本身还是音乐家，每天练习6小时左右。在芝加哥，她是家喻户晓的慈善家。

我的女儿还没出嫁的时候，家里总有很多年轻的小伙子来这边度假。我经常对他们说，做人不能如此游手好闲、无所事事。他们中有些人听取了我的劝告，就在大学假期出去找工作，也因此培养了一些对未来工作有帮助的工作习惯。这样做，也从一定意义上帮助很多人走上了成功的道路。因为我让他们发现：赢得订单远比赢得比赛更有趣味，赢得合同比赢得奖杯更让人高兴。

我的生活基本是以工作为重心，这样做并不是因为我热衷名利，或者对成功有什么过强的欲望。作为苏格兰后裔，我除了天生就反对浪费外，金钱对我来说可有可无，我甚至想过我死后财产都不留给我的孩子们。她们已经得到了该得到的一切，我希望的是她们的丈夫能通过自己的努力走向成功，拥有快乐。因此，我不会把财产留给她们，防止她们因此丧失奋斗的动力。

我曾在很长一段时间内陷入极度贫困，吃不饱是生活常态。我刚参加工作的时候，曾经不得不一周少吃两顿饭来省钱用在洗衣上。当然，我也曾一年花掉14万美元，过奢靡的生活。不管贫穷还是富足，对我而言都没有区别，无论身处什么境遇，我都开心。虽然如果重新回到贫困状态，很多人会痛苦，但我仍然相信，在不同的生活状态下，人们都有能力感知到幸福。

我认识的人当中幸福感最强的是我的邻居，他一个月能挣的钱从没超过125美元。但就靠着这点儿微薄的工资，勤俭持家，盖了6间小房子出租。有了这笔收入，他退休了。夏天，他在湖边避暑，顺带把花园收拾一下；冬天，他到佛罗里达过冬。我经常造访他的小屋跟他沟通，学习什么叫知足常乐。

事实上在所得税政策施行之前，我没计算过自己的收入。收入多少对我来说没有意义。我所有的收入全部交给妻子打理，账单当然也由她支付。我不管这些事，对乡下家里的开销和购物费用也毫不知情。因为我知道我遗传了我母亲的性格，一旦让我知道开销去向，我一定会不高兴。但如果我只大概知道家里花了多少钱，那对我来说影响就不大了。

在个人消费方面，我非常节俭。我总是穿得很随意，一直购买的是服装店里销售的成品衣。后来因为妻子实在忍不了了才开始量身定制服装。但现在我仍然避开收费高昂的裁缝。就在我写这本书的时候，我已经两年没有正式定做过衣服了。我的鞋子定制上线是6.5美元，我住宾馆也总是选便宜的。

列举上面这些事实是为了说明我工作的动力不是为了挣钱，也不是为了名声或者地位。现在，我在树林里安居乐业，与淳朴的村民做邻居，任世间繁华随风去。任何让我觉得高出别人很多的事，都将是我人生和事业前进的障碍。在这个世界上，人人平等，没有区别。我工作的目的就在于享受工作带来的乐趣，工作已经成为我生命的一部分。后来，我全心全意地投入广告阵营，因为我知道，只有有人能肩负起大量艰苦的工作，才能让还在摇篮中的广告行业发扬光大、茁壮成长。

在我25岁时，我还住在大急流市，洛德暨托马斯公司给了我职业生涯中第一个广告人职位。跟这家广告代理公司的创始人沟通工作，我跑到芝加哥。彼时，公司还没有设置广告文案撰稿人这个岗位，从某种意义上来说，公司还只是个中介，跟其他同行竞争着总量是固定的广告空间。那时候广告都是客户自己制作完成后，将电镀版本发给广告公司。广告公司的收益来源来自制作让客户掏钱的策划方案。之所以给了我这个工作岗位，是因为我在必胜地毯清扫机公司工作期间，是一个相对比较成功的策划人。在当时，为广告客户盈利并不在广告公司考虑的范围内。

那时候，我年轻没什么经验，但我的理智告诉我这种广告理念最终不会走太远。我的工作经历和职业培训让我意识到追求广告效果的重要性。也正因为此，尽管洛德暨托马斯公司承诺给我调薪60%的工资，我最终还是选择离开，继续在推销商品上努力奋斗。直到16年后，洛德暨托马斯公司改朝换代，这家公司的新老板又再度邀请我加盟。

经过这么多年异乎常人的努力打拼，我最终得到了什么？我可以很自豪地说，我得到了其他人通过医学研究、通过将毕生精力奉献在实验室里才能收获的东西。我的一生一直在从事广告研究工作，现如今，我很荣幸将我的研究成果记录下来让后来人学习借鉴。我真诚地希望这些记录能让后来人规避风险，少犯错误，节省我为修正这些错误所付出的时间和精力。我最终也收获了托马斯·爱迪生每天工作20个小时才能得到的收获：对自己发现了一些永久准则的成就感。

很多人或许会认为广告应当与时俱进，不断根据时代的进步焕发新的生机和活力。当然，不可否认，美国人的生活节奏日新月异，流行时尚、人们的喜好、生活品质每天都在发生变化，广告的某些风格也总是随之改变。确实如此，一直都存在为每个广告赋予不同基调的必要，人云亦云的模仿永远不会取得大的成功。但人性不会改变，在本书中曾提到过的广告原则会像阿尔卑斯山般永远屹立不倒。跟以前相比，如今做广告更难了，因为成本更高了，行业竞争也愈演愈烈。但是每个新困难都让我们认识到做广告遵循科学原理的必要性。

在我写这本书的时候，我的眼前有一片美丽的湖泊，初次看到它的时候我才6岁。沿着湖泊走到头是一个村庄，那里曾是一个主营木材加工的小镇子。那时候，我的祖父是那里的浸礼会牧师。一眼望去是一片连绵起伏的丘陵，我还是孩子的时候曾在那里劳作；丘陵上遍布葡萄园，我在那儿摘过葡萄。我叔叔在这儿有一片果园，它成了我的家。每年的夏天，甚至还有几个冬天，我都在这儿干活儿，直到我入行工作。我儿时的一些玩伴仍然生活在这儿。再往下走有一个地方，原本是个码头。以前，我每天都在那个码头上装载1800筐的桃子。在一个晚上，18岁的我从那个码头乘船离开，踏入了商业世界，当时泪水顺着我的脸颊流了下来。再次回到少年时代的故乡，已经经历了许多艰难的岁月。是归巢的本能把我带了回来。我购买了一片儿时就一直喜爱的未开垦的原始森林，并将其命名为"松树岭"。我在那里建造了家园。17年来，我的家不断扩建，已经形成了一个人间天堂。长达半英里的花园延伸到湖边，草地欣欣向荣，朋友、亲戚和我的子孙们一同生活在这里。

在这儿，我在优美的环境中做我喜欢做的事。对比一下与此相隔一英里的光景，就能看出我付出努力所取得的成就。这里有些人从不敢向我展示生活更为精彩的一面。这里是我的故乡、我的神殿，更是我永远的家。我相信，没有人能比我从生活中获得的真正快乐和满足更多。它们源自我对简单事物和普通大众的热爱，也促使我在广告事业上取得了成功。在我们家的周末聚会上，我见到很多成功人士，并跟他们亲密交流。但我一点儿也不羡慕他们。最幸福的人是那些与自然最亲近的人，这对广告事业的成功也至关重要。因此，我得出结论，这个行业要立足于对群众的热爱和了解，它带给我们很多超越金钱的回报。